淺談香港人力政策

顏汶羽 著

商務印書館

責任編輯：林雪伶
裝幀設計：涂　慧
排　　版：周　榮
印　　務：龍寶祺

淺談香港人力政策

作　　者：顏汶羽
研究助理：羅尹彤、曹偉強
出　　版：商務印書館（香港）有限公司
香港筲箕灣耀興道 3 號東滙廣場 8 樓
http://www.commercialpress.com.hk
發　　行：香港聯合書刊物流有限公司
香港新界荃灣德士古道220–248號荃灣工業中心16樓
印　　刷：寶華數碼印刷有限公司
香港柴灣吉勝街勝景工業大廈4樓A室
版　　次：2025年6月第1版第1次印刷

ISBN 978 962 07 0677 6
Printed in Hong Kong

目 錄

推薦序一

香港作為國際都會，人力資源的規劃與發展是社會繁榮穩定的關鍵。面對全球競爭、人口老化、科技革新等挑戰，特區政府秉持「以結果為目標」的施政理念，積極優化勞工保障、拓展人才網絡、釋放勞動潛能，致力建構更具包容與活力的社會。欣聞顏汶羽議員即將出版新作《淺談香港人力政策》，此書不僅梳理香港人力政策的發展歷程，更以專業視角提出前瞻建議，與政府當前政策方向不謀而合。

顏議員多年深耕人力事務，既是立法會內推動政策的積極聲音，亦是學術與實務兼備的倡議者。書中涵蓋的議題，從職業安全、人才引進到家庭友善措施，均與政府施政重點緊密呼應。例如在「精準吸納人才」一章，作者肯定「高才通計劃」的成效，並提出擴大院校認可範圍、強化人才留港配套等建議。事實上，政府已接連推出「高端人才通行證計劃」優化措施，包括設立「人才服務窗口」線上平台，並在 2024 年《施政報告》中擴充「人才清單」，主動招攬八大中心所需專才。這些舉措正逐步完善人才生態，助力香港鞏固國際競爭力。

針對職業安全與健康，顏議員以密閉空間工業事故為例，提出引入智慧工地科技、加強執法與教育等務實方案。此方向與政府近年推動的「安全智慧工地」標籤計劃不謀而合——我們已強制大型工程採用智能安全系統，並透過「建造業創新及科技基金」鼓勵業界應用創新設備。勞工處亦修訂《密閉空間工作守則》，要求全面使用監測技術，同時提高職安健法例罰則至1000萬元，以科技與法制雙軌提升工業安全水平。

至於零工經濟與平台工作者權益，顏議員借鑒新加坡經驗提出「法定身份」的折衷方案，與政府現行政策檢討方向一致。勞工處已委託統計處進行全港平台工作者調查，並成立跨部門專責小組研究海外案例，目標於2027年年中前完成政策檢討，務求在保障權益與維持經濟靈活性間取得平衡。

顏議員在自序中回顧其從政初心，展現「政策研究落地為民生成果」的堅持。此書不僅凝聚其17年公共服務的經驗，更體現民建聯與政府良性互動、共謀發展的協作精神。本人深信，《淺談香港人力政策》的出版，將促進社會對人力議題的理性對話，為香港長遠發展注入更多創新思維。期待各界攜手，將政策藍圖轉化為惠民實績，共築更包容、穩健的勞動市場。

孫玉菡

香港特別行政區勞工及福利局局長

2025年3月

推薦序二

洞察香港勞工脈絡，描畫人力發展新篇

20 多年光陰流轉，仍記得汶羽當年作為立法會議員助理工作認真，做事實幹。這些年，見證他從初入社會的朝氣青年，成長為今天在香港社會議題上擁有深入研究成就之士。如今，看到他專注於香港勞工及人力問題研究的新書《淺談香港人力政策》即將問世，心中滿是欣慰。

香港，作為國際金融與貿易中心，其繁榮背後，勞工與人力問題始終是穩固根基。在香港的發展進程中，勞動人口的辛勤付出鑄就了城市的輝煌，人力資源的合理配置則為各行業注入活力。然而，隨着時代變遷、經濟結構調整以及全球化衝擊，香港在勞工權益保障、人力資源供需平衡等方面，面臨着多種不同的新挑戰。汶羽聚焦這一關鍵領域，潛心研究，意義重大。

翻開書稿，能深切感受到汶羽對香港勞工及人力問題的深刻洞察與拳拳關切。他的研究，資料詳實，提及多個不同案例。對不同行業人力需求變化的精準把握，每一處分析都基於扎實的一手資料，絕非紙上談兵。例如在討論職業安全與健康問題上，他列舉了數據和不少案例，深入剖析背後的法律漏洞與監管不足，提出具有針對性的完善建議，展現出對勞工切實的關懷。

書中不僅揭示問題，更提出了眾多建設性的解決方案。在人力資源發展戰略上，汶羽結合香港產業轉型方向，在香港所需人才的問題上，他提出要精準吸納，為香港未來產業升級轉型儲備人力。這些觀點，體現了他對香港社會長遠發展的深刻思考。

汶羽投身政界以來，一直積極為香港民生福祉發聲。此次新書的出版，是他這些年來對社會問題持續關注與深入思考的結晶。這不僅是一本學術著作，更是他為香港社會發展貢獻力量的具體實踐，亦是他作為一位政策實踐者這些年來，躬身前行的生命註腳。通過這本書，他希望能喚起社會各界對勞工及人力問題的重視，凝聚各方智慧，共同推動香港社會的和諧穩定發展。

我相信汶羽的這本新作將為香港勞工及人力問題研究提供新的視角和思路，成為政策制定者、學者以及廣大關心香港發展人士的重要參考。期待這本書能在香港社會引發積極討論，為解決實際問題發揮作用，也期待汶羽在未來繼續秉持初心，為香港的繁榮發展書寫更多精彩篇章。

葉國謙
民建聯會務顧問
大紫荊勳賢 GBS JP
2025 年 3 月

推薦序三

收到汶羽邀請為其新書作序時，我手邊正翻閱着新一屆青年民建聯「我要做幕僚」計劃的資料。這令我想起汶羽也是在大學期間，透過民建聯的實習計劃加入陳鑑林議員的團隊，開啟了自己的公共治理生涯。生於觀塘、長於觀塘的汶羽，一直扎根九龍東地區服務市民，長期關注民生與地區發展議題。他的從政歷程，既承載了民建聯扎根基層服務的實踐基因，又展現了青年治理工作者如何將民生痛點轉化為制度創新的理論思考。

自 2009 年起，汶羽便擔任民建聯人力事務的政策發言人。他始終以問題導向為綱，融會治理實踐的經驗與理論思辨。十餘年來，他緊扣香港社會面臨的結構性人口挑戰，聚焦老齡化、職業安全、高端人才引育等關鍵議題，以扎實的政策研究為基礎，務實理性地推動香港人力政策優化。

通覽此書，汶羽不僅系統梳理香港人力議題，更凝煉其深耕民生事務的實踐智慧。從最低工資的公式調整，到完善外傭政策；從職業安全的提升改善，到大灣區人才資歷互認，作者在書中以數據為基、以民需為本，不避爭議，觀點明晰，勾勒出一幅香港人力政策的系統藍圖。書中在探討多個人力政策焦點議題時，皆體現作者「破二元、謀共贏」的建設性思維，周全考量各方持份者立場。

此種理念，恰是香港如今突破發展瓶頸，開拓多元經濟格局所需。

近年來，民建聯不斷拓展地區服務網絡，提高服務水平。同時，亦要求成員要提升自身的政策研究能力，以確保倡議得以落實。汶羽於盡力服務市民、鑽研政策之餘，亦抽出時間攻讀博士課程，精進自身理論素養。作為民建聯的同僚，我見證他從有志青年蛻變為民建聯人力政策專家，對其勤勉好學深感欽佩。

正處於經濟轉型升級關鍵期的香港，人才無疑是實現這一目標的核心關鍵。從北部都會區的產學研布局，到鞏固提升「三大中心」的全球人才競逐，香港的新發展藍圖都對人力資源提出了更高的要求。期待汶羽的著作能引發社會對人力議題的理性思辨，共尋香港可持續發展之路。

陳克勤

民建聯主席

立法會議員

2025 年 3 月

推薦序四

實事求是 保障勞工

顏汶羽議員可以說是我在立法會人力事務委員會的好拍檔，我們就委員會內討論的議題，包括最低工資水平、職業安全健康、輸入外勞政策、人力資源培訓等，都有深入的交流。顏議員亦有從基層工友角度出發，就這些議題提出了不少真知灼見。

還記得新冠疫情期間，顏議員正進行一項有關最低工資檢討機制的調查研究，並就此訪問了我和工會。他還與工友訪談及做問卷調查，以深入了解工友意見。之後，顏議員在人力事務委員會提出多項建議，對推動落實法定最低工資水平「一年一檢」，以及將通脹因素納入計算方程式，是功不可沒的。地盤是我和顏議員經常去的地方，我們曾經在酷熱天氣警告生效時，到工地向工友派發飲用水和其他防暑物資，一起呼籲戶外工作的工友做好預防中暑的措施。我們亦曾到工地了解勞工處對工地職業安全的突擊巡查情況，並就加強保障職安建言獻策。

顏議員向來關注人力培訓議題，他在疫情期間到勞聯僱員進修中心參觀，了解安老院照顧員再培訓課程的情況，並與勞聯探討安老院在疫情下所面對的嚴峻人力問題。顏議員也一直關心本港僱員再培訓服務的未來發展，我相信由他擔任主席的立法會人力資源培訓與規劃事宜小組委員會，必定可以就香港長遠的人力規劃提供寶貴意見。

勞工政策的完善並非一蹴而就，每項出台的政策背後，是政府、勞資雙方等持份者協商溝通，尋求共識的過程。《淺談香港人力政策》一書呈現社會對不同勞工及人力事務議題的討論，深入淺出，讓讀者了解各項政策形成的台前幕後。相信大家透過此書，會明白到勞資雙方對於同一議題有不同意見，是正常的事。重要的是各方秉持理性務實的態度，提出理據，求同存異，通過溝通去尋找平衡點，凝成共識。勞工合理權益與經濟發展不是對立的，我們積極發展經濟的同時，亦應努力完善對勞工的權益保障，讓他們分享到經濟發展的成果。各位朋友細閱顏議員大著時，相信能夠找到朝這個目標進發的方向！

林振昇

港九勞工社團聯會主席

立法會議員

2025 年 3 月

推薦序五

顏汶羽博士剛出版《淺談香港人力政策》一書，深入淺出地探討了有關香港人力資源及政策，本書從探討「訂立法定最低工資方程式」到「完善外傭規管政策」，分析恰當，理論和政策實際運作互相連繫，緊扣分析。顏博士過去多年鑽研本港人力政策，並且身體力行，努力不懈地推動勞工及人才資源友好配置。實為議政及推動政策的佼佼代表者。本書將對本港在人力政策改善上，提供寶貴意見，值得一讀。

莫家豪教授

香港恒生大學常務暨學術及研究副校長

2025 年 3 月

自序　由最低工資進入人力政策

2007 年，我在嶺南大學就讀當代經濟與公共政策，初次接觸教育及勞工政策，自此引發起我對人力政策的關注和興趣。當時香港正討論最低工資立法，時任行政長官曾蔭權宣佈推行工資保障運動，更表明若成效不彰便會就最低工資立法。

香港是世界上最自由的經濟體之一，靈活及具彈性的勞動市場對我們特別重要，最低工資當時被視為會令香港失去自由經濟的標誌。最低工資的立法引起了香港社會的熱烈討論，勞資雙方更是各執一詞，矛盾亦由此展開。究竟實施最低工資會否帶來失業？這個疑問觸發我以最低工資作為大學的畢業論文題目，更榮幸獲得當屆的最佳論文獎。

2008 年，我加入了民建聯，亦擔任了「人力事務」與「公務員及資助機構事務」的副發言人，跟着葉國謙及譚耀宗兩位資深議員學習政策制定，亦展開了學術研究與實際運作雙結合的從政生涯。還記得，我在人生第一個專訪便提出，政策制定的理論根基與實際應用兩者缺一不可，我的從政初心就是將自己對政策的想法變成真正落實的政策。擔任副發言人的初期，葉 sir 跟我說：「汶羽，今日開始就由我和你一起編寫民建聯的人力政策。」這番說話深深烙印在我的心裏，對當時 21 歲的我，既是一個重擔，亦是一個挑戰。

2009 年，香港正籌劃最低工資立法，我跟着葉 sir 與政府多次會面，亦與清潔、保安等行業代表會面，就最低工資立法的方方面面也仔細討論研究。我亦發揮所長，將我研究的結果融合到民建聯的建議內。有一段時間，勞工處助理處長與我多次討論立法的草擬內容，如實習學員豁免的章節便是由我們提出、政府採納的，在電話討論接近一個小時。當時，也是我首次提出最低工資水平應由方程式計算，確保水平的訂立是透明、客觀及可預視的。2011 年的最低工資立法是我擔任整個副發言人階段期間最深刻、最具滿足感的事。

2012 年我開始擔任觀塘區議員，亦由 2015 年起擔任民建聯的常委，及後我曾出任兩屆青年民建聯主席，但人力事務副發言人的工作，我從沒有離開過，亦就每個人力政策建言立諫，例如再培訓計劃、青年就業等課題都是我時刻關注的事，更定期進行就業信心調查，感謝蔣麗芸及鄭泳舜議員作為發言人期間的指導。由 2008~2021 年，13 年的副發言人工作令我與歷任勞福局及勞工處人員保持良好的關係，每位也令我更理解人力事務的政策制定過程。

2016 年，我重返嶺南大學修讀博士課程，我也再次以香港最低工資為題，以 2011~2020 年的大數據，去評估最低工資對香港勞動市場的影響，並以此為畢業論文。2022 年，我博士畢業，亦成為了立法會議員，順理成章地擔起民建聯人力事務發言人的工作。

擔任發言人後，我立下決心，要編寫好一套民建聯人力政策的藍圖，我亦積極就每個人力事務議題做好政策研究及倡議工作，先後就規管外傭中介、輸入外勞制度、引入高端人才、本地勞工再培訓、釋放潛在勞動力、最低工資水平調整機制、保障兼職工及平台工、職業安全等提出倡議，當中極大多數也獲政府採納，落實成真正的政策。我深信一套有理念而整全的民建聯人力政策藍圖有助我們去處理人力事務中的各種議題。

我特意撰寫此書，用深入淺出的方式展現民建聯人力事務的政策藍圖，希望讓社會關心人力事務的持份者、學生有多一個參考，亦為香港人力政策史留下一筆。感謝過去 17 年，一直扶持、鼓勵、提點我的每一位，感謝我三位大學導師：魏向東教授、莫嘉豪教授及黃浩倫教授，亦感謝一直支援我的團隊，協助我寫好一個又一個的政策倡議，特別感謝今次就此書執筆的羅尹彤，我的團隊成員陳禧淦、曹偉強、趙珊及一直協助我處理倡議的民建聯研究部團隊。

最後，再次感謝葉國謙顧問當年的教導，也是他當年的託付，今日才有這本書誕生。抱歉，讓您等了 17 年，我終於編寫好屬於民建聯的人力政策藍圖！

顏汶羽

立法會議員

香港城市大學社會及行為科學系特約教授

2025 年 3 月

citibank

第一章

訂立法定
最低工資方程式

香港於 2011 年 5 月 1 日開始實施法定最低工資，首個法定最低工資水平時薪為 28 元，直到現時（2025 年 5 月 1 日）經歷了六次調整，已升至 42.1 元。

在最低工資實施前，不少低薪職位時薪不足 20 元，例如保安、清潔工、快餐店員工等。在職貧窮人口增長引發社會關注，有聲音希望政府可以保障基層僱員、防止工資過低。

港府 2006 年宣佈推行屬自願參與性質的「工資保障運動」，希望通過非立法途徑達致工資保障，若兩年後成效不彰，便會推動最低工資立法。這項運動鼓勵企業及服務承辦商參與，務求令這兩個行業的僱員獲取不低於政府統計處的《工資及薪金總額按季統計報告》內相關行業和工種的市場平均工資，使他們享有與政府外判服務合約同類工人一樣的保障。

「工資保障運動」結束後，獲支付平均時薪不低於相關市場平均水平的清潔工人及保安員人數有所增加，但只是從 2006 年的 44%（80200 人），增至 2008 年的 52%（97500 人）；其工資升幅亦僅略高於其他低技術工人，整體而言成效未如理想，因此政府於 2008 年 10 月宣佈推行法定最低工資。

還記得香港醞釀最低工資立法時產生的極大爭議，反對者普遍擔心最低工資會對中小企造成額外負擔，從而窒礙香港經濟發展、削弱香港競爭力；亦有憂慮最低工資成

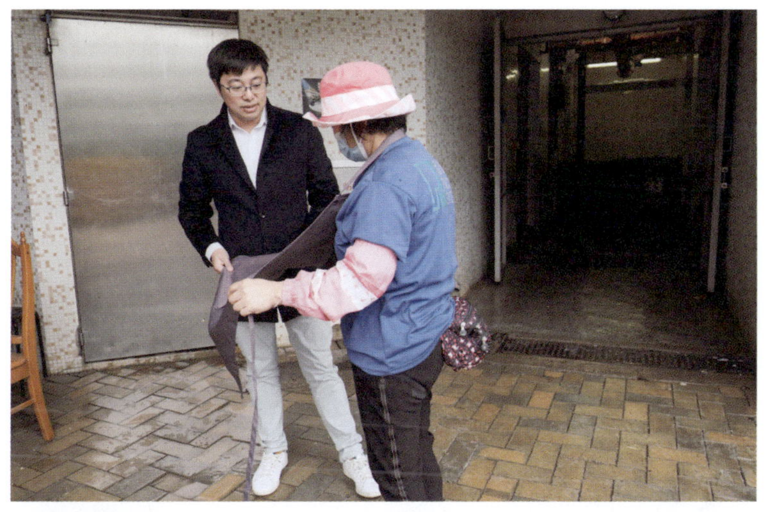

低薪行業包括物業管理、保安及清潔服務、飲食業及零售業等。

立後，低學歷及低技術工人就業機會受負面影響，增加失業率，令工人得不償失。大家議論紛紛，香港是一個自由經濟體，任何勞工干預政策都會影響香港市場的靈活度，許多人強調最低工資的設立違反自由市場原則，某程度可能會令香港自由經濟「玩完」。當年筆者還是大學三年級學生，在這樣的社會氣氛下，決定以推算香港最低工資立法的影響作為畢業論文，同年亦以同樣的題目參與民建聯人力事務副發言人的遴選，開始了筆者往後跟進人力政策的從政生涯。接下來，筆者便開始研究法定最低工資。究竟這對香港的勞動市場是正面還是負面？失業有沒有嚴重了？青年及長者勞工有沒有被替代？市場的靈活性有沒有減低了？一直到博士畢業論文，筆者仍在跟進這一議題，並用上大量數據找出以上答案。除了學術研究，筆者亦由擔任民建聯副發言人開始，一直參與最低工資的立法過程，與勞工處及相關持份者會面，思考究竟如何立法才可做到保障基層勞工，避免工資過低，但又維持到香港企業的競爭力，希望做到理論與實踐結合。

協商最低工資水平引起社會爭拗

社會對於訂立法定最低工資有不少爭拗，包括首個最低工資水平，以及如何釐定最低工資額。當年有工會提出首個最低工資水平應為時薪 33 元，為全港平均工資中位數的六成，認為應稍高於綜援水平，才能保障低薪工人的生活。另外，工會又提出要讓勞顧會參與制訂最低工資水平，才能全面反映工人的訴求，亦有工會爭取集體談判權。商界組織則各自拋出多個建議，更曾出現是否要訂於

20 元的說法，令社會譁然，最終中小企商會及團體共識，參考外國一般最低工資訂在時薪中位數四成的做法，提出 23.4 元的建議，又警告若最低工資水平過高會增加中小企負擔，引發削減員工福利、裁員甚至結業潮。

政府在 2009 年 2 月委任臨時最低工資委員會，入面共 12 名成員，包括 3 名官方成員，以及 9 名來自勞工界、商界及學術界的非官方成員，往後大家就在這一委員會，參考整體經濟狀況、勞工市場情況、競爭力、營運成本、通脹情況等一籃子因素，協商檢討最低工資水平，再向政府與行政會議提出調整建議。不過筆者當時並不同意這一檢討方式，並向時任勞工及福利局局長張建宗提出建立方程式，以數據為依歸訂立最低工資。

由於沒有明文規定最低工資委員會必須參考數據建議工資水平，最終委員會的「協商」只會變成勞資的談判與角力，每年造成許多不必要的勞資爭拗，最終得出的工資水平亦不一定符合實際情況。當時筆者已直言：「每年的五一勞動節遊行，就會是勞工界要加十蚊、商界就要減十蚊，永遠大纜扯唔埋，點會協商得到呢？外傭的最低工資有方程式，公務員的薪酬調整亦有方程式，地鐵可加可減機制亦有用方程式，最低工資點解唔可以用方程式呢？」結果，香港實施最低工資十多年間，勞資雙方不停拉鋸，勞方以打工仔生活困苦、未能分享經濟成果來爭取提升最低工資水平，資方就因經營成本壓力提出反對。兩方對上一次就最低工資引發的爭拗發生於 2024 年，有勞工團體發表五一宣言，爭取將最低工資由當時 40 元增加

筆者曾就最低工資政策邀請物業管理業行業培訓諮詢委員會創會主席袁靖罡參與研究訪談。

至 55 元，指最低工資下，工人工作一小時亦不夠買一個飯盒；有功能界別立法會議員大力反對，直言最低工資推高經營成本，從而推高物價，令飯盒價錢愈來愈貴，更提出最低工資會削弱本港競爭力，不應再實施。

筆者十多年來一直倡議最低工資調整應以方程式自行運算，當方程式中的函數有明顯轉變時，最低工資水平便應隨即調整，以回應社會及經濟變化。使用這種方法可由主觀的勞資雙方協商，轉為客觀的數據調整，以數據為依歸便可做到客觀、透明、高效、可預視，避免勞資雙方每年的爭論。無論老闆或打工仔女都可有數得計，知道未來半年最低工資水平是加、是減，抑或不變，雙方都有了心理預期。

另一個由最低工資引起的爭議就是其檢討機制與檢討周期。最低工資立法後，一直每兩年調整一次（兩年一檢），檢討過程既複雜又漫長，由最低工資委員會首次開會、重複檢視不同統計調查結果等數據開始，再經歷多次諮詢活動，到向特首及行政會議提出最低工資水平建議，可歷時 20 個月：

1. 收集大量數據及一系列指標；
2. 廣泛進行全港性和聚焦性諮詢、收集社會意見（以 2020 年為例，有 110 個組織參與討論、收到 412 份意見書）；
3. 最低工資委員會須就每份意見書作綜合整理及數據分析；
4. 最低工資委員會須同時做宣傳工作；
5. 完成上述程序後，由最低工資委員會協商及訂立法定最低工資建議，提交予特首及行政會議決定。

在上述機制下，最低工資水平每兩年檢討一次，這樣會產生天然滯後的問題，即令最低工資水平的調整落後於最新的社會和經濟情況，並降低在職貧窮人口的生活水平，變相令在職貧窮問題惡化。「兩年一檢」調整工資水平後，機制不會補發過去差額，令人「硬食」檢討期間的物價變動。雖然多年來，有不少聲音向政府爭取「一年一檢」，但根據上述機制，最快亦只能做到「兩年一檢」。

以方程式訂最低工資達一年一檢

促使最低工資機制改革的轉折點，相信是勞方 2020 年不滿檢討結果，後來出現最低工資實施以來首次未能達成共識，以及首次「凍薪」的情況。根據媒體 2020 年的報道，最低工資委員會展開兩次會議仍未能達成共識，當中勞方委員要求調升最低工資水平，由 37.5 元增至 40 元，追回通脹；但資方委員不認同，直言基於疫情等因素打擊，營商環境轉差，若提高至勞方建議的水平，會出現裁員及倒閉潮。最終，大部分委員傾向應凍結現時水平，政府亦於 2021 年宣佈接納建議，由該年 5 月 1 日起將最低工資水平凍結在 37.5 元，是香港引入法定最低工資後首次「凍薪」。由於最低工資時薪 37.5 元維持四年，勞工界認為工資水平與社會現實情況脫節，在疫情穩定、社會復常後，提出要檢討現時訂立最低工資的機制，期望有一個科學、公平、便於計算的機制，讓最低工資水平更貼近現時基層工人的生活情況。

事實上，法定最低工資實施十多年，賺取最低工資人數愈來愈少，由 2011 年實施時的 180600 人（佔所有僱員人數 6.4%），跌至 2021 年的 14300 人（佔所有僱員人數 0.5%）。這反映僱主需要支付較法定最低工資更高的工資的情況愈來愈普遍，最低工資政策功能亦逐漸被削弱，社會要求檢討最低工資的呼聲日漸高漲。筆者亦認為，最低工資推行超過十年，政府有必要與時並進，檢討及調整機制。

政府在 2022 年的《施政報告》中提出勞工應當分享經濟成果，並推出一系列改善勞工權益措施，其中一項改善措施是邀請最低工資委員會研究如何優化法定最低工資水平的檢討機制，包括檢討周期、如何提升效率，以及在最低工資水平和維持經濟發展等元素取得平衡，向政府提出建議。最低工資委員會後來展開兩個階段的公眾諮詢，以便分析及歸納社會意見。當時公眾及社會相關團體意見包括：

1. 認為當時最低工資水平檢討機制及檢討周期行之有效；
2. 應將法定最低工資水平檢討周期縮短至「一年一檢」，並考慮採用指標或方程式調整；
3. 建議採用的指標可歸納成七個類別，包括「物價變動／通脹／購買力」(最多意見支持)、「工資水平／住戶入息」、「社會福利援助水平」、「生活工資／家庭基本生活需要」、「整體經濟表現」、「法定最低工資涵蓋人數」及「貧窮狀況」；
4. 將來需要不時檢討有關指標或方程式，例如每五年檢討一次。

筆者當時便是其中一位提出建立方程式，以簡化及縮短調整工資水平的流程，做到一年一檢，使最低工資水平更能貼近市況。要更聚焦地支援基層勞工，筆者認為應將參考數據集中於低薪行業的僱員，舉例來說，方程式可以以統計處每年公布的低薪行業每小時工資第 10 個百分位數作為參考基準數據，來計算及調整下一年法定最低工資水平。這一個百分位數來自「收入及工時按年統計調查報

筆者多年來倡議建立方程式計算法定最低工資水平，以客觀數據做到「一年一檢」。

告」，報告會列出按行業劃分的每小時工資水平及分布，以及視為低薪僱員工資的第 10 個百分位數的僱員人數與其每小時工資水平。此一方案下，每年只需要按數據及方程式計算明年的最低工資水平，最低工資委員會綜合、確立方案及提交建議後，待特首與行會「拍板」便可正式實施。這既能減省資料分析工作，又因方程式客觀、可預視，而省卻繁複的諮詢程序與爭拗過程，壓縮檢討時間。

最低工資委員會在詳細考慮公眾意見、香港經濟情況等數據，以及過去檢討法定最低工資水平的經驗後，最終在 2024 年建議行政長官採用方程式調整最低工資水平，一年一檢，並在新檢討機制實施 5~10 年後作出檢討。

委員會提出計算最低工資的方程式為：

每年法定最低工資的調整幅度（%）

=

（經濟增長因素）
（最近一年 GDP 變動 − 最近十年實質 GDP 趨勢增長率）
× 20%*

整體甲類消費物價通脹（通脹）

*「經濟增長」因素上限為 1%，下限為 0，意即最低工資是「可加不減」

為甚麼會以上述指標組成方程式呢？最低工資委員會及政府曾分別解釋，領取最低工資的勞工是議價能力最低的草根階層，新機制下的方程式能確保將來法定最低工資的調整幅度不低於甲類消費物價通脹，即使經濟差，亦能維持低收入僱員的購買力；當香港經濟表現較佳時，即最近一年的「經濟增長」高於最近十年的趨勢增長，「經濟增長」因素會讓法定最低工資的調整幅度適當地高於通脹，讓僱員也能受惠，分享經濟成果。為儘量減少低薪職位流失，並顧及維持香港經濟發展與競爭力的需要，「經濟增長」因素定為最近實質本地生產總值增長與趨勢增長差距的 20%，上限為 1%。方程式實行「可加不減」，將甲類消費物價通脹和「經濟增長」因素的下限設定為零，是避免賺取最低收入的僱員需要減薪。

這方案得到特首及行政會議接納，並獲立法會通過。首個按新機制得出的法定最低工資水平在 2025 年 5 月 1 日生效，最低工資委員會以方程式計算結果來建議調整幅度，將法定最低工資水平由每小時 40 元調升至 42.1 元，增幅達 5.25%。

持續觀察 適時調整新機制

「可加不減」方程式無疑對領取低薪的基層勞工有「保底」作用，令勞工安心，卻引起一些僱主不滿，有商界政黨提出反對，批評是「只顧勞工，不理資方感受」，又指「只加不減」對很多行業會有負面影響，同時會給予員工每年都加人工的錯誤期望，不僅令僱主更艱難，長遠亦會對經濟發展造成影響。不過商界最終未見強烈反應，筆者認為，現時領取最低工資的僱員只有約 1.8 萬人，方程式加薪幅度非常有限，有關變動對僱主的影響輕微。此外，新機制的可預視性及透明度非常高，僱主有數得計，行政上更方便，而「一年一檢」下，加薪幅度亦較「兩年一檢」輕微，對僱主未嘗不是好事。

然而，筆者亦同意，假如法定最低工資只增不減，在面對經濟下滑的時候會對中小企僱主產生影響。僱主不能透過減薪來維持企業營運或保持企業競爭力，變相只能削減人手。領取最低工資的勞工亦不能以較低薪金保住職位，可能被迫選擇離開勞動市場，加劇失業情況。因此，我們需要設置一道防線。筆者建議，當香港經濟情況步入衰退，並明顯地出現下列情況，例如賺取最低工資人士大幅上升、失業率大幅上升，最低工資委員會應立即啟動審議程序，參考其他經濟數據後，就是否需要下調或凍結法定最低工資水平進行協商，並向行政長官提出建議，以便平衡香港經濟發展。香港未來在調整法定最低工資水平時，亦需要不時檢討有關指標與方程式。

另一方面，調整最低工資水平機制有所改變，最低工資委員會日後的工作基本上就是確認方程式計算的結果，委員會的職能與組成應否有所檢討？雖然最低工資已建立客觀、高透明度、可預視性的方程式，我們仍需密切觀察新機制效果，適時調整有關措施。

賺取最低工資人數越來越少，反映僱主需要
支付較法定最低工資更高工資的情況越來越普遍。

citibank

第二章

職業安全與健康

大家平日經過地盤，有沒有留意總會掛上許多大型橫額，最當眼的通常是工地安全橫額，例如「開開心心上班去 平平安安回家來」就在工程界廣為流傳，「人人重安全家家樂團圓」等與職安健相關的口號在工地亦是常見。

根據勞工處公布的職業安全及健康統計數字，2024年所有工作地點職業傷亡個案數字有28612宗，工業意外則有7371宗，較前年分別下跌2.9%及9.4%。工作致命個案數字有28宗，當中22宗屬工業意外中死亡。建造業仍是各行業中錄得最高致命個案數字及意外率的高危行業，2024年有3037宗工業意外，當中有14人死亡。以上數字較前三年都有下跌，反映政府近年為提升職安健所做的工作有一定成效。工傷事故一宗都嫌多，縱使政府有監督巡查、修訂職安法例、設立職業安全教育又大肆宣傳，希望提高大眾及業界職安意識，本港每年都有致命工業意外發生。

意外成因有許多，包括涉及人員疏忽、總承建商錯失或管理不善，有時則需要修改制度和法例加強保障。

以2023年9月發生的西九圓方地下管道奪命工業意外為例，兩名六旬工人被「遺忘」在地底管道一夜，直至翌日早上才被發現，兩人疑吸入硫化氫中毒最終失救不治。據報道，涉事承辦商安排工人進入密閉空間工作，但外面無人與工人保持聯絡，亦無人知道工人沒有離開，更將管道上鎖，管道外亦沒有資料板列出工人資料，現場沒有閉路電視等任何監察措施，事後難以即時查證何人將管道上鎖，是否涉人為疏忽等，反映事件在安全管理及監督上存在很多漏洞。

事件中，工程項目大判及二判分別被控誤殺，另建造業議會分別暫停一間涉事公司的所有工種及指定行業的註冊 15 個月，以及吊銷一間公司的註冊。勞工處亦就案件首次引用《2023 年職業安全及職業健康法例（雜項修訂）條例》，向相關持責者包括有關承建商、分判商及個別人等發出合共 31 項傳票。

地下管道意外在社會非常轟動，引起許多對密閉空間工作安全規範的討論，不過相隔僅僅半年，社會又出現另一宗密閉空間硫化氫奪命意外。2024 年 4 月，沙田源禾路源禾遊樂場的沙井清理工程釀成 2 死 2 傷，事後調查發現，工程工序其實並無要求進入沙井工作，即是意外其實可以避免。調查亦發現事件涉及多項嚴重錯失，包括總承建商沒有知會部門下自行「判上判」、承建商在事前未有就其更改施工方法及需要進入肇事沙井一事通知部門，以及總承建商在事件中無做好足夠措施保障工人安全。

密閉空間工作屬高風險，安全管理與監督卻處處漏洞。當時筆者提出需在地盤出入口安裝攝錄機，一來確認工人有否進出密閉空間，若不幸發生意外，亦有助事後釐清各持份者責任，拍攝的片段甚至可作為日後檢控證據。筆者同時建議當局好好利用現有的建造業科技設備來保障工人安全，例如使用遙控攝影設備、密閉空間無人機等代替工人檢查勘探。如工人必須進入密閉空間工作，可鼓勵承建商提供可連接至智慧工地安全系統的智能頭盔，可顯示工友的即時維生指數，例如體溫、血壓及心跳等，若偵測到異常情況便發出警報，提醒工地注意及採取適當措施，頭盔追蹤功能亦有助快速定位工友位置，方便救援工作。

接連發生同類奪命意外令人非常痛心，勞工處亦因此加快修訂《密閉空間工作的安全與健康工作守則》，加強密閉空間工作的安全及健康。經修訂的《守則》在 2024 年 5 月 31 日憲報刊登，設有六個月寬限期，於 11 月 30 日才正式生效，讓業界有充分時間準備。主要修訂內容包括要求東主或承建商須採用科技設備，在整段工作期間於密閉空間的出入口拍攝視頻，並須保存視頻記錄一年。修訂後的《守則》亦加強東主或承建商對監督密閉空間工作的要求；列明評估某工作是否屬於地底喉管工作的考慮因素；新增詳細的危險評估表格範本和載列空氣監測警報設備的設定；以及更新許可工作證明書範本。

修訂工作守則以外，更重要的是業界遵守執行，重視職安健。除了不時突擊巡查，政府亦需做好教育及宣傳工作，讓業界清楚知道工作守則具有特殊的法律地位，在刑事訴訟中，法庭可接納不遵從工作守則的行徑為有關因素，以裁定被告是否觸犯該條例下有關安全及健康的法例。

基於本港接連發生數宗建築地盤的嚴重工業意外，
勞工處 2025 年 1 月展開全港特別執法行動，
巡查涉及大型棚架、幕牆安裝及吊運工序等的建築地盤。

加強規管與罰則 提升違規阻嚇力

每次有意外發生，社會才會關注起規管有關工作的法例和指引。除了前文提及的密閉空間事故，2022 年 9 月安達臣道地盤天秤倒塌致 3 死 6 傷，之後便有聲音提出勞工處要同業界一起審視安全管理制度，檢視法例有無漏洞。當時有指，《工廠及工業經營（安全管理）規例》所指明的 14 項安全管理制度元素仍未全部落實，當中 4 項元素尚未實施，一直屬於自願性執行，包括「工作的危險分析」、「安全和健康的意識」、「控制意外及消除危害」和「職業健康的危害的保障計劃」，業界認為不應被忽視。其實有關《規例》早於1999年在立法會通過，並以分階段形式實施《規例》附表4中載列的14項安全管理元素，首10項元素已早於2002年4月1日起實施。社會提出關注後，政府在2023年12月向立法會提交文件修訂《安全管理工作守則》，為持責者遵從其餘的4項元素提供實務指引，有關條文亦在2024年4月29日全面生效。

違反職安健的罰則偏低一直為人詬病，勞工界亦認為是導致工業意外高企的主要因素。在2023年職安健修例之前，持責者如被定罪，每宗控罪最高罰款額僅50萬元，有關罰則更是超過20年未有改變。根據2022年2月政府向立法會人力事務委員會提交的「提高職業安全及健康法例的罰則」文件，2020年27宗涉及致命職業意外的個案，每宗平均罰款僅約2.4萬元，而每名被告的平均罰款約為6.2萬元。因此，社會常有質疑「人命只值幾萬蚊」，罰款偏低亦令刑罰未能發揮應有阻嚇力，導致屢犯者比例相當高，該年因違反職安健法例而被定罪者中，屢犯者佔約32%。

在提出修訂職安健法例罰則的建議前，政府進行了廣泛諮詢，包括多個主要商會和工會，雖然大家都認同應提高罰則以加強阻嚇力，但對增加幅度有不同意見，工人團體普遍認為愈高愈好，商界則對此強烈反對，認為不應過分激進。最終在平衡阻嚇性並顧及香港中小企佔比極大的現實下，建議將可公訴罪行的最高罰款額訂為1000萬元，成為目前香港法例的最高罰款額。有關《2023年職業安全及職業健康法例（雜項修訂）條例》在2023年4月28

日刊憲生效，新修訂包括提高罰款額至 1000 萬元及監禁兩年，檢控時限由原本六個月延長至九個月等。

不過修例「加辣」以後，致命工業意外及致命非工業意外的數字未有下跌，與「加辣」前一年（2022 年）同樣是 32 宗；職業傷亡的致命個案數字更是不跌反升，先看「加辣」前五年的數字分別是 2018 年 218 宗、2019 年 249 宗、2020 年 234 宗、2021 年 263 宗、2022 年 266 宗，「加辣」後致命個案竟增至 286 宗。立法會人力事務委員會曾對此展開討論，有商界議員認為這證明職業安全不能夠單靠加大罰則，應做好宣傳教育，又認為政府巡查不能只罰僱主，僱員沒有遵守安全指引同樣要執法；有勞工界議員

與林振昇議員隨勞工處到建築地盤突擊檢查，
了解處方執法情況。

則引用其中一宗個案，指出簡易程序判罰結果仍是罰款 5 萬元，與過往判罰相差不遠，勞工處則回應只有案情非常嚴重的個案才處以最高罰則，又指新例控告的數字相對偏少，需要積累更多個案才可見到判罰增長的情況，強調若認為法庭判罰太輕會與律政司商量上訴可行性。

筆者認為，政府應對地盤及維修工地等工傷重災區加強執法，並研究引入黑名單制度，就曾隱瞞工傷的企業進行較密集的突擊巡查，以收阻嚇作用。此外，政府亦可多鼓勵社會應用創新科技提升工地及職業環境安全。

推動社會應用智慧安全設施避意外

建造業一向是高危的行業，近年社會出現愈來愈多「智慧工地」科技產品與系統，幫助行業克服職安健問題，既可提升安全、減少意外發生，又可提升建造效率。因此，筆者自出任立法會議員以來，都一直提倡政府要帶頭使用，並且大力推動整個業界應用。

筆者很高興看到，政府工程近年積極引入不同科技系統，當中屯門業旺路公營房屋發展項目便是房委會住宅項目中首批智慧工地之一，項目在整個建築工程使用了多項智慧設施和建築機械人，未來政府更會將有關智慧工地模式逐漸覆蓋至全港建築中的公營房屋項目。

參觀時，房委會介紹了資訊管理分析平台「智築目」、智能安全帽、危險區域警告系統、吊運區域安全警報系

立法會人力事務委員會應邀到職安健學院，
參觀多個幫助不同行業提升職業安全的項目。

統、小型運輸機械人、室外試水機械人，以及安全驗證電子記錄系統。以手提電腦透過「智築目」去監察公營房屋項目的資訊，可以及早發現及處理問題，加強管理效率；使用安全驗證電子記錄系統，可透過手機應用程式掃描 QR code，一次過檢查各項安全驗證，包括物料吊重機、塔式起重機等；透過機械人在高空工作又或做重複性的工序，可強化工地安全和質量管控，減少工業意外；進入危險區域的工人會戴上智能安全帽工作，安全帽具有定位功能，又可監察維生指數，檢測使用者的各種活動和狀態，若工人身體出現異常，或長時間處於完全靜止狀態，安全帽會發出聲響警告，安全主任可透過應用程式知道工人確實位置，再派員檢查工人是否暈倒或需要其他協助。

另一方面，業界透過申請「建造業創新及科技基金」申請用作在地盤應用創新科技，不過私人工程使用「安全智慧工地」系統（Smart Site Safety System）的程度仍然偏低，因此發展局公布推出三項措施，鼓勵和協助業界廣泛應用系統。第一，與建造業議會合作推出「安全智慧工地」系統標籤計劃，識別已經應用安全智慧工地系統的工地，至於未有獲發標籤的工地，政府部門會加強日常巡查和審查工作；第二，屋宇署 2024 年 7 月起，強制超過 3000 萬元並涉及使用流動機械及塔式起重機的建築工程，必須採用相關「安全智慧工地」設施，即流動機械警報系統及塔式起重機警報系統；第三，將建造業創新及科技基金資助範圍，擴展至應用「安全智慧工地」系統各個環節的相關額外費用，包括因使用系統需提升的網絡容量、額外增聘的人員作維護、技術支援、採購支援等。

感謝政府接納意見，上述新措施除了強制規定，亦起到鼓勵作用，擴展資助範圍更能提高私營發展商使用「安全智慧工地」系統的誘因，筆者亦向政府提出建議，應盡早強制工務及私人工地使用智能安全帽等較基本的智慧安全設施，以提升工地安全。

防中暑指引與極端情況工作守則

天氣亦是其中一個影響僱員職業安全的重要因素，近年極端天氣現象頻生，對戶外工作人員構成健康風險。其中一個例子就是每到夏天，打工仔在酷熱天氣及高溫環境工作，易有中暑危機。在這裏，筆者要感謝一位立法會同事，他就是港九勞工社團聯會主席林振昇。振昇是筆者在人力政策工作上的好拍檔，就如他在推薦序中所寫，我們經常一起落地盤工作，關注工地職業安全、與勞工處一起突擊巡查情況等。舉個例，2022 年 7 月正值炎夏，二人在立法會工作後，在酷熱天氣警告生效期間，摺起衫袖就去工地向工友派發飲用水和其他防暑物資，一起呼籲戶外工作的工友做好預防中暑的措施。

與林振昇議員到工地向工友派發飲用水與防暑物資。

勞工界和工會曾極力爭取政府將「中暑」等熱疾病列為職業病，但當局認為職業病主要涉及特定職業暴露在特定風險下，導致發病率比一般人高，才能定義作職業病，而中暑則涉及大環境，未必直接與工作相關。不過《職業安全及健康條例》要求僱主須在合理切實可行的範圍內提供或維持屬安全和不會危害健康的工作環境和工作系統，社會有必要做好避暑措施。勞工處最終在 2023 年 5 月推出第一版的《預防工作時中暑指引》及暑熱警告，這份指引涵蓋多個行業，除了建造業、清潔等屬高危的戶外工作，亦包括室內不通風環境工作行業。

在制訂指引期間，勞工處於 2022 年底展開公眾諮詢，並召開了數場諮詢會議收集各界對指引的意見，但

工作暑熱警告生效時 戶外露天工作 每小時的休息安排
(假設在沒有採取任何防暑措施及沒有其他熱壓力風險因素的情況下[1])

工作暑熱警告 ＼ 工作勞動量	每小時的工作和休息安排：輕勞動	中等勞動	重勞動	極重勞動
黃 Amber		工作45分鐘 休息15分鐘 (75% 工作；25% 休息)	工作30分鐘 休息30分鐘 (50% 工作；50% 休息)	工作15分鐘 休息45分鐘 (25% 工作；75% 休息)
紅 Red	工作45分鐘 休息15分鐘 (75% 工作；25% 休息)	工作30分鐘 休息30分鐘 (50% 工作；50% 休息)	工作15分鐘 休息45分鐘 (25% 工作；75% 休息)	暫停工作
黑 Black	工作30分鐘 休息30分鐘 (50% 工作；50% 休息)	工作15分鐘 休息45分鐘 (25% 工作；75% 休息)	暫停工作	暫停工作

勞工處在修訂版 2024 年《預防工作時中暑指引》中建議的休息安排，另外亦積極協助不同行業制定屬於自己的防暑實務指引。

當 2023 年 2 月處方首次公開《預防工作時中暑指引》內容時，多個行業反映，在參考指引制訂避暑措施時一頭霧水，並在實際操作上遇到不少問題。

筆者最常聽到的求助，是擬議《指引》太複雜，在不同暑熱指數、勞動量及不同工作環境下，可衍生出 48 個不同的休息安排，令勞資雙方無所適從。此外，不同工種的實際勞動量難以「一刀切」跟從方案的簡單分類，按職業介定勞動量或會帶來勞資不必要的爭議，例如按指引保安員只屬輕勞動，但不少屋苑保安員亦需要負責巡邏、搬運重物，以及「鎖車」，同樣涉及中等及重勞動的工作性質。

最大爭議的就是發出暑熱警告的標準，《指引》在擬定過程時提出，只有暑熱指數達 32 或以上，部分工種才可能需要停工，但筆者向天文台了解，發現這級別於過去兩年（2021~2022 年）只曾於 2021 年 7 月 28 日出現過，於當日早上 11:44 至下午 12:14 斷續地出現了三次，每次持續時間只有 2~3 分鐘，而最初設計的暑熱警告是沒有預警的。若按此級別實行，只會在極少情況下才須停工，有多少僱主及僱員能夠及時作出停工安排？收到消息時，暑熱指數已降下，又要如何處理？工友停工時是否有薪？

暑熱警告最初生效時，大部分僱主對如何跟隨指引安排休息時間都感到困惑，未能消化《防中暑指引》，不少工友更表示不知道有這項新措施，特別是生效時間短促，導致「彈出彈入」，當僱主留意到暑熱警告發出，來不及安排，警告信號便取消了。在各方建議下，勞工處在《預防工作時中暑指引》實施一年後（2024 年），再推出修訂版《指引》，將工作暑熱警告與天文台的極端酷熱天氣警告掛勾，另外調整工作暑熱警告取消機制技術參數，將觀察過去一小時的暑熱指數，當發現有較穩定的下跌趨勢，才會考慮取消警告。新安排由以往觀察半小時數據延長至一小時，令暑熱警告在生效及「落波」之間有一段較長的時間緩衝，可避免「彈出彈入」，方便僱主安排僱員休息及再次工作。

與勞工處副處長（職業安全及健康）馮浩賢會面，
向處方反映暑熱指數實施後情況並提供意見。

可是，許多訪問和調查仍指出，不少僱主仍然沒有跟隨《預防工作時中暑指引》。部分僱主似乎對《指引》視若無睹，主要原因相信是認為「指引」並非法例，即使不跟從亦沒有法律責任。不過這並非事實，因為勞工及福利局局長孫玉菡早已表明，若僱主屢不遵從，而工作地點又有中暑風險，不排除引用《職安健條例》下「僱主一般責任條款」提出控告。

對於有聲音認為應就預防工作時中暑的安排立法，筆者則覺得應先處理好不同行業制定預防中暑措施的安排，而勞工處需向僱主強調政府會追究責任，並加強巡查，對在工作暑熱警告下，無作任何防中暑措施的僱主發出警告。

事實上，勞工處已積極協助不同行業制定屬於自己的防暑實務指引，包括建造業、物管業界等。筆者期望未來有更多行業能夠同處方一起建立自己的「防暑行規」，讓指引變得易於理解、易於執行，落實符合其工作環境的預防中暑措施，以保障勞工。此外，如何鼓勵僱主提供更多防暑設施和裝備也是必要的，這方面政府和一些大型機構都已在努力中，例如職安局有推出「中小企便攜風扇資助計劃」，又設計了「太陽能清涼休息站」，另於暑熱指數資訊網站設有「休息時間計一計」計算器。機管局亦在機場改裝員工巴士作流動飲水車兼休息室；個別企業有為工友提供便攜風扇、清涼巾、防曬手袖等。這方面，筆者希望政府可再加強力度，例如在工務項目招標時加入條款規定業界提供防暑措施及有關工具，以及帶頭使用「冷氣衫」、「清涼休息站」等不同防暑法寶，並資助私營企業購買。

立法會人力事務委員會參觀職安局推出的
第一代「太陽能清涼休息站」。

極端天氣對工作的影響，怎少得暴雨及颱風。極端天氣現象愈來愈頻繁，除了打風，還有大暴雨，但社會對於在極端天氣下工作的安排未有共識及「標準」，在多區塌樹、水浸和交通未回復正常的情況下，「打工仔」往往難以準時返回工作崗位，出現混亂情況。因此，勞工處在 2024 年 4 月新修訂《惡劣天氣及「極端情況」下工作守則》，訂明熱帶氣旋和暴雨都是自然災害，並就不同暴雨及颱風警告信號生效下，僱員的上下班、工資津貼、復工及遙距工作（如適用）等安排提供指引。

筆者歡迎勞工處做法，有助僱主預先制定合理而可行的工作安排和應變措施。不過，無論是「極端情況」或是颱風及暴雨情況，有關《守則》只屬指引及參考，沒有法律約束力。一些僱主仍會要求一般僱員依照必要人員般照樣準時返工，社會在惡劣天氣下依然有不少爭拗。筆者期望政府考慮制定「特殊情況時期」的停工安排，立法賦予特首會同行政會議權力，在充分評估後，以保障整體社會利益為大前提下可發布命令，將某日或某時期定為「特殊狀況時期」，以便啟動非緊急服務僱員停工安排。若天氣警告信號除下後，仍出現交通癱瘓未能如期上班，則可列作特殊情況，僱主不得扣減僱員人工、津貼、假期，以及不得解僱員工。

參加「熱焫焫防暑攻略」職安健講座暨防暑法寶展覽，了解冰涼背心等防暑法寶。

第三章

釋放本地勞動力

勞動力是本港經濟發展的重要資源，釋放本地勞動力工作持續多年。近幾年受人口老化及疫情期間人口淨移出等因素影響，社會勞動人口下降，2018-2024 年期間，香港的整體勞動人口累計縮減 207100 人或 6%。隨着疫後本地經濟活動復常，各行業的人力需求殷切，不少僱主反映他們面對勞動力短缺及招聘困難的問題，社會又重新關注起釋放本地勞動力及勞動人口參與率。勞動力短缺為企業和香港經濟帶來嚴重衝擊，筆者聽聞有會計公司在人手不足下無奈推卻生意。人力短缺甚至對市民產生切身影響，最常見的例子是餐飲業難請人，市民去酒樓飲茶就會見到一人分飾多角，帶位、沖茶、落單、傳菜、收銀「一腳踢」，食客甚至需自己動手加水，在如此嚴峻的情況下，有餐廳因人手不足宣佈結業。

我們可以如何填補人手短缺？香港還有多少潛在勞動力？根據政府統計處提供予立法會的數據，2024 年，本港 25~54 歲的壯齡本地婦女勞動人口參與率[1]為 72.5%，而 55~64 歲的本地銀齡人士的勞動人口參與率則為 58.6%。兩者均明顯低於經濟合作與發展組織的相應數字，它們分別為 76.2% 及 66.9%。上述兩個本地年齡組別中沒有工作的人數，加起來有接近百萬人（921400 人），其隱藏的工作潛力非常可觀。這些勞動力為甚麼未有工作？他們重投職場的意願是怎樣的？我們可以如何提供支援，盡力釋放本地勞動力？

1　勞動人口參與率是指勞動人口佔 15 歲或以上人口的比例。

民建聯舉辦釋放婦女勞動力研討會，
探討如何透過政策支援婦女重返職場。

立法會 2023 年便通過了「推動釋放潛在勞動力」議案，促請政府制訂宏觀及長遠的勞工政策，積極發掘及釋放潛在勞動力，為不同羣組消除就業障礙。由筆者擔任主席的立法會人力資源培訓與規劃事宜小組委員會，委託立法會秘書處資料研究組就「釋放潛在勞動力」的課題進行研究，並檢視新加坡及日本兩地促進婦女及銀齡人士就業的情況。這兩個亞洲經濟體同樣面對人口老化問題，近年積極推出各種新措施鼓勵母親及銀齡人士就業，而當地婦女及銀齡人士的就業意欲都較香港高，有一定參考價值。以下筆者將集中就婦女、中高齡人士及有特殊教育需要（SEN）青年三個羣組作分析，助讀者了解他們的就業意願與障礙，並提出相關支援建議。

釋放婦女勞動力

政府統計處數據顯示，香港 25~54 歲的壯齡女性勞動比率勞動人口參與率在過去 20 年曾經呈現顯著升勢，但 2017 年起至 2024 年則在 72.5% 水平徘徊。目前，香港約有 42.7 萬名非從事經濟活動的壯齡女性，當中絕大多數 (78%) 表示，「料理家務」(包括育兒) 是她們選擇不工作的主要原因。香港壯齡女性的勞動比率，不僅低於經合組織的 76.2% 平均數字，亦遠遠落後亞洲領先國家 (如日本和新加坡) 至少十個百分點。

民建聯婦女事務委員會 2024 年 7 月就女性再就業進行調查，成功訪問 806 人，受訪的 211 名非在職女性中，有六成屬退休人士，另有近三成人因要照顧家人而無法工作。她們當中有超過兩成人希望重返職場，以 40~59 歲中年羣組及接受過中學或以上教育女性重返職場意欲較高。另外亦有 18~29 歲婦女羣組有意再就業，她們的孩子大多處於稚齡，日常生活十分依賴成人照顧，令這些女性未能外出工作。調查根據有意再就業的受訪者比例粗略推算，香港或有超過 30 萬名女性希望重返職場。

其實社會多項調查都顯示，壯齡女性希望重返職場的意欲高。僱員再培訓局委託獨立調查機構於 2023 年 11 月至 2024 年 3 月期間進行「本地勞動力的培訓需求調查」，同樣顯示 30~49 歲的料理家務者是最具就業意欲的羣組。受訪 148 人中，表示會在未來一年內或數年內求職的分別佔 31% 和 27%，但他們大部分因照顧家庭而只會尋找兼職工作，另有七成會求職的受訪者有打算透過進修去提升工作技能。

目前，政府以資助非政府機構方式，提供多元化兒童日間照顧服務來支援在職母親及雙職家庭，包括鄰里支援幼兒照顧服務和課餘託管服務。為了鼓勵生育、釋放勞動力，以及紓緩家庭育兒壓力，近年政府都有新增相關支援措施，包括 2019 年將侍產假延長至 5 天；2020 年將產假延長至 14 周；2020 年把本地規劃指引中的資助幼兒中心服務，提升至每 2.5 萬人口提供 100 個名額；以及於 2024 年起的三年內，在十所資助獨立幼兒中心提供額外約 900 個幼兒照顧服務名額。

不過，上述措施並不足以支援在職母親的需要，尤其本港幼兒託管名額不足而且服務分布並不平均。以 2023 年為例，全港只有 2300 個專為兩歲以下嬰兒而設的資助幼兒照顧服務名額，僅約佔全港 6.8 萬名兩歲以下嬰兒人口的 3.4%。另外，幾乎各區的資助獨立幼兒中心都達到百分百使用率，由於此類服務需求殷切，報名後往往都要輪候一年才能享用服務，不少媽媽在懷孕期間已經報名排隊。若嬰幼兒未能獲得幼兒中心服務，家庭中沒有其他成員可幫忙照顧，又未能聘用外傭，女性許多時便選擇離開工作崗位做「全職媽媽」。

民建聯女性再就業調查亦發現，219 名受訪在職女性中，有 45.4% 的公司沒有提供任何家庭友善措施；並有 51.2% 在職女性有試過因為無法找到「臨時照顧者」而需要向公司請假。這結果反映社區託兒名額緊張，在職女性難以獲得合適支持；而且家庭友善措施普及程度未如理想，令一些必須肩負照顧家庭責任的在職媽媽需要經常在工作和家庭間二擇其一。

社會多項調查顯示，不少女性因照顧家人或料理家務未有工作，但她們普遍希望重返職場。

新加坡和日本促進婦女就業措施

相比之下，壯齡女性勞動比率較香港（72.5%）高的新加坡（86.6%）和日本（83.6%），就支援在職母親和促進婦女就業推出更多支援政策措施，包括有更多費用相宜的幼兒照顧服務名額。當中新加坡 18 個月以下有補貼的嬰兒照顧服務名額相當於相應嬰兒人口的 18%；日本兩歲以下幼兒資助照顧服務比率更達 44%；香港兩歲以下嬰兒照顧服務比率則僅佔 4%。

這兩個經濟體亦有更長及更靈活的親職假，而且有僱員彈性工作的正式權利。以日本為例，子女出生後的首年，父親可享 48 周的有薪親職假，母親的親職假則為 44 周，為經合組織中相關假期最長的成員國之一。不過基於日本的職場文化，男方的企業主管通常「不諒解」和「不鼓勵」，以至放取育兒假的父親不多，2022 年當地放取親職假的父親比例僅為 17%。於是日本 2024 年又再修訂《育兒及介護休業法》，規定大型及中型企業披露其男性員工放取親職假的比例，目標於 2025 年提高父親放取親職假的比例至 50%。新修訂亦強制僱主須為在職父母提供彈性工作選項，若讀者希望了解更多，可參閱鼓勵生育篇章。另一項值得留意的是，雖然日本的育兒支援政策的確釋放不少育兒婦女的工作潛力，但當地在職母親中有一半是從事非正規工作（如派遣或兼職員工），引發日本性別不平等的關注。

新加坡則於 2024 年 12 月 1 日落實《三方彈性工作要求指引》，要求所有企業建立機制，讓僱員在試用期滿後，可以書面形式向僱主提出正式的彈性工作安排要求，僱主必須按指引及公平地考慮此等要求，並於兩個月內以書面回覆，若拒絕需提供明確的商業理據。彈性工作安排可分為三種方式，包括在辦公室以外的任何地點工作、在總工時及工作量不變情況下實行彈性上班時間，以及允許員工選擇不同工作量並獲取相應薪酬。當中僱員可向企業申請每周四天工作制最廣為人知，當時亦引起許多香港打工仔女的討論，不過根據新加坡全國僱主聯合會的調查，95% 僱主都表示暫時不會實行四天工作制，原因包括減少工作天數會影響生產力，因此傾向其他彈性工作安排。此外，新加坡提供「在職母親子女評稅扣減」，向在職母親提供額外稅務誘因，在計算個人入息時，在職母親的特定比例收入可獲豁免徵稅，如首名子女可豁免計算 15% 的收入；次名子女豁免額為 20%；第三名及以上子女的豁免額則 25%。

對支援香港婦女再就業的建議

在民建聯的調查中，九成受訪者都認為推行彈性上班安排及加強托兒或課託服務最有效釋放婦女勞動力。筆者同樣認為上述配套是支援香港婦女，尤其在職母親就業的重點，所以一直提倡增加幼兒託管設施。目前托兒中心多數圍繞公營房屋設立，筆者認為，要方便雙職家庭，政府亦應在政府大樓或公營機構大樓內提供更多幼兒託管服務，甚至善用商貿區內的政府用地增設托兒中心。在辦公室附近設立托兒設施大有市場，舉例機管局 2017 年在機場開設幼兒園，為機場員工子女提供 0~3 歲的幼兒照顧服務大受歡迎，申請人數超出學額近一倍，因此在 2023 年開設第二所幼兒園。有在職母親帶同幼兒一起乘車上班，送子女到幼兒園後就可上班，午餐時間可與子女一起用膳，下班後又方便接走子女，享受更多親子時間。另一方面，政府可進一步擴闊外傭培訓範圍，除了推出照顧長者、殘疾人士計劃，更可拓展到嬰幼兒照顧，當市場有更多有能力照顧嬰幼兒的外傭，就可令本地勞動力更無後顧之憂地投入職場。

在商貿區、政府大樓增設托兒中心，以及企業實施家庭友善僱傭措施與彈性工作安排，都有助釋放婦女勞動力。

至於家庭友善僱傭措施及彈性工作安排，目前政府傾向鼓勵僱主自願推行，沒有立法或強制措施。個別企業為吸引和挽留人才，亦在家庭友善福利措施上別出心裁，包括上班放暑假、護老者假期、家屬生日假、父母感謝金、6 個月有薪產假、14 天侍產假、在家工作安排、開設彈性工作時間職位等。過去家庭議會每年都會舉辦「家庭友善僱主獎勵計劃」，勞工處亦有頒發《好僱主約章》，2024 年共有 1596 間機構成為簽署機構，承諾會致力成為一個以僱員為本的僱主，包括提供優於法例的僱員福利及促進工作與家庭或個人生活平衡的措施。願意推行家庭友善僱傭措施集中於大規模企業，一些中小企及有人情味的公司也願意接納員工彈性工作安排的要求，不過礙於有限資源，家庭友善措施始終未能普及。筆者建議可以透過公私營合作模式，輔以認證和稅務優惠措施，又或透過財政資助或減稅等，鼓勵更多企業為員工提供家庭友善措施。

此外，政府和社會亦可在政策層面、培訓及維護平等三方面着手。筆者建議政府更新及制訂「2024 女性發展藍圖」；另可就提升女性勞動人口參與率定下量化目標，以評估政策成效。提升婦女技能方面，建議專為婦女求職者舉辦以女性為對象的招聘會、培訓展覽及職業轉介服務；為求職婦女設立職位空缺專頁；並參考「精準扶貧」經驗，以小組及「就業一條龍」形式精準推行「婦女培訓及就業」服務。在維護女性職場平等方面，則建議加強大眾認識《家庭崗位歧視條例》。

推動銀齡就業

香港 55~64 歲人士的勞動比率由 1997 年的 41.9% 急升至 2017 年的 57.1%，其後升幅放緩，2024 年銀齡人士的勞動比率則在 58.6%。與本港壯齡婦女勞動比率情況相近，以 2024 年來看，上述數字同樣低於經合組織的平均數字（66.9%），亦遠遠落後亞洲其他先進經濟體日本（81.2%）及新加坡（72.6%）。至於本港年滿 65 歲的長者，多數已退休，其勞動比率緩慢上升至 2024 年的 13.6%，低於經合組織 14% 的數字，僅為亞洲領先經濟體相應水平約一半，當中新加坡有 32.5%、日本則是 26.1%。一些銀齡勞動力較高的地方設有法定最低退休年齡，並且立法規定僱主須重新僱用退休僱員，規定僱主必須讓銀齡員工在退休後留任數年。

我們來看看香港初退休人士的就業意向。在僱員再培訓局委託獨立調查機構進行的「本地勞動力的培訓需求調查」中，就訪問了 71 名 50~64 歲初退休人士或退休不過五年的人，分別只有 19% 和 3% 表示會在未來一年內或數年內找工作。當中大部分人只希望從事兼職，因工作時間較彈性；另有 61% 人表示完全無意欲投身職場。

根據政府統計處數據，55~64 歲的本地銀齡人士的勞動人口參與率是 58.1%，低於經濟合作與發展組織的相應數字。

面對人口老化帶來的挑戰，政府一直努力透過不同方法鼓勵和支援銀齡就業。雖然香港沒有制定法定退休年齡，但特區政府作為本地最大僱主，自 2015 年 6 月起將新入職公務員的退休年齡提高，文職職系人員由原來 60 歲提高至 65 歲，紀律部隊職系人員則由原來的 55 歲及 57 歲提高至 60 歲，公營機構及一些私人企業亦效法政府做法。

此外，僱員再培訓局亦有提供切合 50 歲或以上較年長人士就業需要的培訓課程，鼓勵潛在勞動力投入職場。除一般培訓課程外，再培訓局舉辦「後 50．實習生計劃」，協助 50 歲或以上較年長人士了解就業市場現況。

政府近年繼續推出措施增加銀齡工作人口，包括推出在「中高齡就業計劃」下，僱主若新聘 60 歲以上人士，每月最多可獲 5000 元津貼，為期 6~12 個月；在 2024 年 7 月推出「再就業津貼試行計劃」，40 歲以上僱員在受僱一年後，最多可獲 2 萬元津貼；以及在 2023 年公布的《財政預算案》中，建議將僱主為長者僱員所作強制性公積金自願性供款的稅務扣減率倍增，由 100% 增至 200%。

不過，上述措施對推動銀齡就業及掃除銀齡人士重返職場時面對的障礙，效果並不顯著。銀齡人士勞動比率及投身職場意欲依然偏低，當中原因有許多，包括不少銀齡人士的職場技能或已過時、公眾持銀齡人士就業能力較低的刻板印象（如學習較慢、應變較弱、健康較差）、長者較易遭受年齡歧視及不公平待遇、長者在職場普遍議價能力較低等。此外，不少企業基於靈活自主，都較傾向合約人士雙方自行決定退休年齡的模式，員工到達退休年齡便即終止合約；另外，勞碌大半生的長者普遍希望享受退休生活。在此書臨近印刷時，政府公布促進銀髮經濟工作組落實推行 30 項措施，包括釋放「銀色生產動力」，新措施能否鼓勵和協助到更多銀齡人士重投職場，則有待政府推行一段時間以後再作討論。

新加坡和日本推動銀齡就業措施

正如上文提及，一些亞洲領先經濟體銀齡勞動力較香港高，包括新加坡和日本。兩者與香港同樣有為銀齡僱員提供培訓、再培訓，亦有提供經濟誘因吸引銀齡人士繼續工作，並向僱用銀齡人士的僱主發放工資補貼。不同的是，新加坡和日本還透過立法支援，包括設有法定最低退休年齡，並立法規定僱主須重新僱用退休僱員，規定僱主必須讓銀齡員工在退休後留任數年，另外設有禁止職場內年齡歧視的法例。以下筆者會集中提及香港未有實行的措施。

新加坡 1993 年便制定《退休與重新僱用法令》，當地法定最低退休年齡由 1993 年 60 歲，提高至 2022 年的 63 歲，並計劃在 2030 年進一步提升至 65 歲，僱主不得以年齡為由解僱員工，為年長僱員提供法定保障。根據《退休與重新僱用法令》，自 2012 年起，僱主必須重新僱用其退休員工至法定上限，最長可達五年。重新僱用年齡上限於 2012 年定為 65 歲，2017 年和 2022 年先後提高至 67 歲和 68 歲，並將於 2030 年進一步提升至 70 歲。重新僱用條件可按定期合約或每年續簽合約形式進行，而薪酬福利則依據生產能力和職責等合理因素釐定。若現有僱主無法重新僱用其銀齡員工，可轉由其他僱主履行有關責任；又或僱主必須向退休銀齡員工支付一筆過相當於 3.5 個月薪酬的「僱傭援助金」，以協助他們在覓得新工作前渡過難關。強制要求僱主繼續僱用退休員工，有效地為他們提供工作機會，這亦解釋了為甚麼當地銀齡勞動比率較高，但此舉或會削弱勞動市場的調整靈活性。

日本在《高年齡者僱用安定法》訂明法定最低退休年齡，自 1998 年 4 月迄今一直維持在 60 歲。當地 2013 年 4 月修訂《高年齡者僱用安定法》，規定若 60 歲退休僱員仍希望繼續工作，僱主必須重新僱用銀齡員工直至法定上限 65 歲。不過在實際操作上，獲重新僱用的銀齡員工可能需要在僱主提出的新合約下減薪，又或將正規工作改為非正規工作。在老齡化壓力下，該法例 2020 年進一步修訂，規定僱主須「盡最大努力」，確保其銀齡員工在 70 歲前仍然繼續受聘。儘管部分僱員需付上降職和降薪的代價，上述法例確實保障銀齡就業機會。值得注意的是，基於日本經濟長期停滯，銀齡人士普遍存有強烈的財政需要，而需繼續工作以支持悠長的退休生活。有調查 2019 年訪問年滿 60 歲的銀齡人士，當中 56% 受訪者表示希望繼續工作下去，其主因是為了「維持目前的生活水平」。

促進中高齡人士就業有不少好處，包括紓緩社會的勞動力短缺、紓緩長者貧窮情況，工作亦為長者帶來自信和尊嚴，並有助身心健康。許多「初老」長者都希望再就業、從事兼職工作，甚至創業。可惜長者再就業往往面臨年齡歧視、技能更新、年輕世代競爭、職業轉換困難、社會觀念等問題。要進一步釋放本地中高齡人士勞動力，筆者建議政府成立「長者就業基金」，資助企業及機構聘請長者就業，或協助企業進行職務再設計，協助掃除長者重投勞動市場的障礙，當中包括為長者提供更多有彈性上班時間、不局限於力勞動的工作崗位。筆者亦要求政府推出薪俸稅減半等鼓勵措施，推動 60~64 歲人士再就業或繼續留在職場工作。同時，政府可為僱主提供銀齡友善工作環境指引及資助，打造長者友善工作空間，吸引更多長者再就業。

此外，目前勞工處會透過不同渠道支援僱主及求職者，但處方轄下的就業中心及行業性招聘中心一直被指使用率偏低。筆者建議用好現有公共資源，將就業中心「升級轉型」，改成為特定羣組服務的「培訓中心」，分別針對「婦女」、「少數族裔」、「長者」等不同就業需要的弱勢勞工進行培訓，並為他們提供就業配對，藉此提升他們的技能並鼓勵他們投入勞動市場。

支援有特殊教育需要（SEN）青年就業

除了婦女和銀齡勞動力，殘疾人士就業亦是其中一個釋放本地勞動力的方向。按統計處在 2019~2020 年統計，本港 215300 名 15~64 歲殘疾人士中，約 91500 人從事經濟活動，約 81400 人在統計時正在就業（37.8%）。最多人從事「公共行政、社會及個人服務」及「金融、保險、地產、專業及商用服務」，一半人每月收入 1.5 萬元以下，最多人月入處於 10000~14999 元的收入水平。殘疾人士的失業率高達 11%。

殘疾僱員同樣受法定最低工資保障，而《最低工資條例》亦讓因殘疾以致生產能力可能受損的殘疾僱員，有權選擇進行生產能力評估，收取按其生產能力而釐定的工資，啟動生產能力評估的權利只屬於殘疾僱員。有關評估宗數在過去三年並不多，2021~2023 年分別為 20 宗、9 宗及 2 宗。

政府目前有推行措施協助殘疾人士就業，讓他們在公開就業市場憑自己的能力擔當具生產力和有酬勞的工作。這些主要措施包括透過推行「就業展才能計劃」向聘用殘疾人士的僱主提供在職培訓津貼，並加強就業支援和職業康復及培訓服務。當中，「就業展才能計劃」約有 140 項不同性質業務獲得資助，包括清潔、飲食、汽車美容、盲人按摩等。另外，政府推出「創業展才能」計劃，提供起動基金資助非政府機構成立小型企業、業務。申請企業僱用的職員須最少有一半為殘疾人士，為殘疾人士創造更多就業及在職培訓機會。

筆者特別關注有特殊教育需要（SEN）的青年面對就業困難，並就此向政府提出口頭質詢表達關注。根據勞工及福利局回覆，在 2021/22 至 23/24 學年，公營普通中學有特殊教育需要的中六離校生分別有 3700~4200 人，當中在下學年 11 月或之前就業的人數每年約有 200 人，其餘大部分繼續在本地升學。另外，在 2021/22 至 23/24 年，特殊學校中六畢業生分別有 513 、 548 、 572 人，當中在下一學年 9 月就業的有 14 、 25 、 38 人；繼續升學的分別有 175 、 152 、 164 人，接受職業康復及日間訓練服務的有 148 、 200 、 213 人。至於殘疾青年的就業數目，勞工處展能就業科在 2022~2024 年分別錄得 2412 宗、 2406 宗及 2300 宗就業個案，其中 29 歲或以下殘疾青年就業個案分別佔 874 宗、 794 宗及 762 宗。

事實上，SEN 學生中六畢業後，主要有三條出路：成績較好的學生可進入大專院校繼續升學；一些未能進入大專院校的學生會選擇到職業訓練局轄下的技能訓練學校接受培訓；有多重殘疾或智障的學生，則會進入庇護工場或日間展能中心進行復康訓練。

筆者聯同特殊教育學校與咖啡連鎖店，

為 SEN 青年舉辦職場體驗工作坊。

儘管社會各界一直在積極推動職場共融，但部分企業與僱主對 SEN 青年的能力和潛力認識不足，錯誤地認為他們無法勝任工作，因此在聘用 SEN 青年方面缺乏積極性。再者，一些僱主擔心可能需要承擔更多的管理和照顧成本，從而影響工作效率和企業效益，因此向 SEN 學生對提供就業機會仍持觀望態度。由於 SEN 學生並不擅長表達，亦未有能力整理一份亮麗履歷及展現自己專長，他們在面試、職場溝通及辦公室人事管理等方面都處處碰壁，連高學歷的 SEN 青年也要面臨「搵工難」的情況，有 SEN 碩士生只能覓得中六程度的政府文職工作，甚至只獲安排清潔工和洗碗工的職位。其實 SEN 學生亦有其特長，其中一個優點在於他們很專注，擅長做一些重複工序，只要僱主明白他們的優點，掌握其工作能力，將他們放在合適的位置，交代好工作步驟，他們都能夠達到要求。而社會目前就欠缺配對機制和平台，去開發更多適合 SEN 學生的就業機會。

為提升 SEN 青年的「就業能力」並消除公眾對他們的誤解，筆者曾經聯同特殊教育學校與咖啡連鎖店，舉辦職場體驗工作坊，一方面提升學生對職場的理解與認知，幫助他們尋找未來職業方向，另一方面亦讓企業認識和理解 SEN 學生，消除偏見並讓更多人看到他們的潛力和能力。藉今次經驗，筆者希望政府能進一步加強支援，協助學生與企業做好配對，合辦更多職場體驗工作坊，為 SEN 學生提供更多工作體驗、實習和就業機會。筆者又認為，政府可以考慮與企業和社會各界共同構建「SEN 青年就業支援平台」，鼓勵企業開設適合 SEN 青年的就業與實習職位，讓他們能在實際工作環境中學習和應用技能，為將來順利融入就業市場奠定堅實基礎。

在幫助 SEN 學生就業方面，需要跨部門的努力，當中為 SEN 學生作生涯規劃制定屬教育局範疇、SEN 畢業生求職屬勞工處範疇、為 SEN 學生提供輔助儀器或改裝工作間等支援則屬於社會福利署範疇，政府需要「打通」才可更有力地支持這羣潛在勞動力。

citibank

第四章

鼓勵生育
為社會發展提供
所需人力

香港出生率持續下跌，近年 9 月開學季，社會都關注收生不足、縮班，甚至殺校問題。有報道按照《小學概覽 2024》統計，指 2024/25 學年有 64 間官津小學合共縮減 68 班小一，計及個別學校加班後，全港小一班數「淨減」26 班，另有 45 間官津小學只開辦一班小一，貼近「殺校」邊緣。2024 年開學日，教育局局長蔡若蓮亦明言，學界要羣策羣力，一起面對學齡人口下降這個結構性問題。不過較震撼家長們的，相信是 2023 年 9 月有九龍塘傳統知名幼稚園突然宣佈逐步停辦的消息，除了有子女就讀該校的家庭，許多心儀該校的父母都大嘆可惜！

香港出生率持續處於低水平，
2022 年香港每千名女性只誕下 701 位嬰兒。

少子化、出生率低的情況在全球多個國家地區都有出現，香港同樣愈來愈少人生育，疫情期間的出生率更是創下歷史新低，2022 年香港每千名女性只誕下 701 位嬰兒，是全球最低。撇除疫情等不明朗因素，為甚麼港人這些年來的生育意願每況愈下？

民建聯家庭及婦女事務委員會於 2023 年 4 至 5 月，針對本港女性生育意願進行網上問卷調查，期間訪問了 471 名 18 歲以上的女性。結果顯示，近四分一的受訪女性不考慮或未知是否生育，其中逾三分一具有較高的教育程度，而近四分一的家庭總收入達到 4 萬元或以上。我們的調查亦顯示，造成不考慮或未知是否生育的主因依次為經濟壓力（53.1%）、管教責任（31.9%）、享受自由生活（29.2%）、教育壓力及住屋細（28.3%）、身體狀況（23%）、其他：包括不認為生育是人生必須完成、單身等（14.3%）、時間分配困難（13.3%）、沒有家人協助照顧（11.5%）、影響個人事業發展（10.6%）、託兒服務不足（6.2%）、伴侶不願生育（2.7%）。另外，當時有超過八成半受訪者認為政府鼓勵生育的措施不足，並希望政府推出更多鼓勵生育的政策，例如提供新生嬰兒津貼、增加托兒及幼兒照顧服務等。

現代社會生活方式轉變，愈來愈多人選擇晚婚及晚育，甚至有人選擇單身、不結婚、不生育。生兒育女是家庭的重要決定，是否生育本應是市民按照不同因素所作的抉擇，可是當大多數人都選擇不生育，加上人口正急速老化，便會為社會帶來負面影響，政府有必要正視情況。

民建聯家庭及婦女事務委員會針對本港女性生育意願進行網上問卷調查，近四分一的受訪女性不考慮或未知是否生育。

生育率低帶來的社會影響

香港生育率下降，人口老化現象日益嚴重，撫養比率便會隨之上升。撫養比率是指每個年齡段的非勞動人口（即未滿 15 歲和 65 歲以上人口）與每千名勞動人口（即 15 歲至 64 歲人口）的比例。撫養比率愈高，代表勞動人口需要承擔更多非勞動人口的撫養負擔，這樣便會對勞動力市場和社會福利體系造成壓力。

我們來看看統計處推算的香港人口結構比例變化及撫養比率。根據統計處在 2024 年 7 月向立法會提交的《至 2046 年的香港人口和勞動人口推算》，2023 年香港約有 753 萬人，當中 22.7% 為 65 歲或以上長者、66.4% 是 15~64 歲人口、餘下 10.8% 是 0~14 歲人口。統計處推算，香港人口至 2046 年會增至 819 萬，當中 65 歲或以上長者比例會上升至 36%、15~64 歲人口比例會下降至 56.9%，0~14 歲人口更只有 7.1%，不足一成。隨着生育率降低，本港的撫養比率由 2021 年每 1000 名 15~64 歲的人需撫養 467 名幼兒及長者，上升至 2046 年需撫養 757 名幼兒及長者。值得留意，撫養長者佔大多數，而在老年撫養比率數字快速增長下，少年兒童撫養比率則愈來愈低，香港「人口金字塔」模型亦將於 2046 年逐漸變為「倒金字塔」。統計處還推算勞動人口參與率，會由 2023 年的約 55%，逐步下降至 2046 年的約 52%。

年分	少年兒童撫養比率	老年撫養比率
2021 年	167	300
2022 年	164	323
2023 年	163	342
2046 年（推算數字）	125	632

出生率低意味人口增長放緩，勞動力市場的總體供應量相應下降，對香港經濟增長和社會發展便會帶來不利影響。勞動市場結構產生變化亦連帶影響人才供應問題，舉例人口老齡化加劇，社會需要更多護理人員和醫療保健工作者，而這些職業需要高技能和專業知識，亦需要更長時間培訓人才。

勞動力減少或拖慢香港經濟增長步伐，使政府難以獲得更多資金來改善民生。生育率下降還可能導致消費和投資水平下降，影響整個社會經濟的發展。過去 30 年，香港經濟每年平均增長 3.8%，其中 1.2% 來自勞動人口的增長，其餘由生產力增長帶動，勞動力減少會降低人均本地生產總值。要抵消由勞動力減少帶來的影響，我們可提高生產力增長，如何克服這個挑戰則是另一課題。人口老化還可能會影響儲蓄率，因為通常在職人士儲蓄比率高於退休人士，人口老化意味愈來愈多人要動用儲蓄過活。

生育率下降亦導致社會結構變化，香港的家庭規模變小，單身家庭和核心家庭成為普遍現象。這變化對家庭關係與家庭財務都會產生影響，而隨着人口老化，家庭需要照顧年長親屬的情況日益普遍，增加家庭負擔。

多管齊下 鼓勵生育

出生率低對本港社會影響廣泛，這不止於學校的存亡危機，更重要是整個社會和經濟的發展，會因為社會老齡化、勞動力萎縮而面臨重大挑戰。因此筆者認為，政府和整個社會都應共同努力，締造一個家庭友善、有利育兒的環境，並且要協助減輕家庭負擔，以鼓勵生育。就此，筆者曾在 2023 年撰寫《鼓勵生育政策倡議書》，提出全面的家庭友善及鼓勵生育政策，應包括輔助生育、假期、彈性工作時間與家庭友善保障、托兒服務、育兒補貼，以及家庭發展基金六大元素。

增加託兒設施與服務能支援在職家庭。

對於鼓勵生育，香港政府過去有一段時間採取不宜過度干預態度，認為生兒育女是家庭的重要決定，不能單憑政府政策根本性扭轉低生育率的趨勢。不過，2022 年本港夫婦平均子女數目已下降至 0.9 名的新低點，同時 65 歲及以上長者佔全港人口比例將在未來十年內由兩成攀升至近三分之一，敲響警號，加上跨黨派的一致訴求，港府終改變態度，認為要有政策導向，行政長官李家超在 2023 年的《施政報告》宣佈推出一系列鼓勵生育措施。

其實許多國家地區都面對「少子化」困境，並各自推出不同支援措施，以下我們來看香港與各地政府推出的「谷」生育措施，以及筆者對鼓勵生育政策的看法。

民建聯就鼓勵生育政策提出建議，提出全面的家庭友善及鼓勵生育政策，應包括輔助生育、假期、彈性工作時間與家庭友善保障、托兒服務、育兒補貼，以及家庭發展基金六大元素。

(一) 輔助生育

女性遲婚、高壓生活等因素，可能導致愈來愈多打算生育的夫婦面對不育問題，而輔助生育科技或可幫助他們。為此，一些國家地區推出進取的支援輔助生育措施。當中，以色列全額資助所有 18~45 歲婦女（不論婚姻狀況），無限次參加體外受精療程，直至誕下兩名子女，而且還資助有意生育的婦女使用私營醫療服務。在英國，所有女性的卵子統一可儲存 55 年，每隔十年決定是否繼續儲存、使用或以其他方法處理。日本政府會資助治療費用的 70%（由醫療保險支付），未滿 40 歲的女性可獲最多六個療程，40~42 歲女性則可獲三個療程。

至於香港，目前僅三間公立醫院提供最多三次受政府部分資助的體外受精治療服務，合資格使用服務的條件包括申請者要為合法夫婦、香港永久性居民，以及女性須在 40 歲以下。首次診症估計輪候時間可達 150 個星期，隨後需再等候 6~18 個月才能獲得治療。

特首在 2023 年《施政報告》中，推出了支援輔助生育措施，包括公營輔助生育服務名額由每年 1100 個增加超過六成至 1800 個，並加強培訓相關專業人員。另外亦在薪俸稅和個人入息課稅下，設立每年最多十萬元輔助生育服務稅項扣除措施。

筆者樂見政府為需要使用輔助生育科技的夫婦增加支援，可是相關科技的治療費用實在昂貴，而且需要耗費大量時間，建議政府考慮再進一步擴大支援，讓更多夫婦能夠受惠，模式包括參考以色列政府的輔助生育治療政策，透過公私營醫療合作，資助有意生育的婦女使用私營醫療服務。另一方面，根據香港人類生殖科技管理局守則，在香港冷藏卵子最長期限為 10 年，這並不符合本港社會的生育傾向。筆者建議放寬卵子銀行服務的門檻，並研究將卵子冷凍期限由 10 年延長至 30 年，便利更多有意生育的遲婚女性及有需要的女性冷凍保存卵子。

在支援輔助生育政策上，政府和醫學界有另一顧慮。醫務衞生局局長盧寵茂強調，有關政策並不是要鼓勵非不孕人士延遲生育決定，並數次勸導市民「有仔趁嫩生」。他同時引用數據，從專業角度分析，指即使透過輔助生育技術成功受孕，持續妊娠的成功率會隨着年齡上升而不斷下降，而且能生出健康嬰兒的機會亦會大降，呼籲沒有不孕問題的夫婦不要以為可以藉着輔助生育的幫助，而錯過最佳育齡期。

盧局長一番苦口婆心自然有道理，只是香港生活成本高昂，按現時社會發展，年輕人在約 22 歲大學畢業後開始工作，到有一定經濟基礎結婚、組織家庭時，可能已過 30 歲。如何令年輕家庭趁早增添家庭成員，相信需政府要在更多方面加強支援，減輕他們的負擔。

政府在 2023 年《施政報告》中，推出一系列鼓勵生育措施。

（二）育兒假期

產假、侍產假和育嬰假都能讓父母有足夠時間照顧和陪伴孩子，當中育嬰假又可稱為家庭照顧假，視乎地區，放取時間可長達數年。以德國為例，母親可獲最長 14 個月有薪產假（全薪），父親亦可獲得 2 周有薪侍產假。當地父母還享有最長三年的法定無薪育兒假期，這必須在子女三歲生日前放取，期間僱主不能隨意解僱員工。而嬰兒出生後 14 個月期間，政府會根據父母的薪資水平發放育兒津貼，每名嬰兒每月可獲發 300~1800 歐元，並且免稅。

再看同樣位處亞洲的新加坡，設有薪產假、有薪侍產假，以及有薪及無薪育嬰假。在原有的父母共用產假政策，母親能將自己享有的 16 周有薪產假轉讓最多 4 周予丈夫；而丈夫則享有 2 周有薪侍產假，另加 2 周僱主自行決定是否批准的侍產假。此外，子女七歲前，父母每年最多可享 6 天有薪育兒假，而兩歲以下嬰兒的父母，則每年可享有 6 天無薪幼兒假。新加坡 2025 年就親職假推出優化措施，新設父母共用的有薪育兒假 6 周，至 2026 年 4 月將進一步延長至 10 周；另外父親無需僱主批准的有薪侍產假亦倍增至 4 周，計及 16 周有薪產假，未來當地父母可合共享 30 周有薪育兒假。

香港育兒假期政策相對保守，只有 14 周產假及 5 天侍產假，假期時間較短，沒有任何法定育嬰假，不利父母在工作與家庭間取得平衡，而且沒有充足時間照顧新生兒和幼兒。為此，筆者曾於立法會上向政府反映，希望政府能帶頭為有新生嬰兒的公務員設立「家長假」、彈性上班時間等，配合政府鼓勵生育的想法。感謝政府從善如流，在 2024 年《施政報告》為育有三歲以下子女的政府僱員提供育兒假期。此外，醫管局亦將推行多項家庭友善措施，包括推行育兒假、將全職彈性工時安排推展至更多職員組別、協助組織家庭支援小組，以及增加舉辦家庭同樂活動。

公務員帶頭鼓勵，我期望僱主亦跟隨政府步伐，推出彈性上班時間、育兒假期等措施，建立家庭友善職場環境，有助吸引和挽留人才，讓打工仔平衡工作與家庭生活，締造雙贏局面。政府亦可考慮為僱主提供津貼，將薪酬由現時八成增至全薪，以提供全薪產假和侍產假，幫助父母維持收入。

另一方面，政府亦應研究設立「流產假」。目前懷孕超過 24 周而流產，又或不足 24 周而嬰兒在誕生後才夭折，可獲 14 周產假。懷孕不足 24 周、胎兒在母親體內已經死亡，則不會有任何產假。女性的生育和分娩本來就是一件不輕易的事情，嬰兒流產或失胎，父母的身心會承受莫大的痛楚，尤其婦女需要時間休養，恢復身心健康。以台灣地區為例，當地法例規定懷孕三個月以上流產者可獲得 4 周的產假；懷孕兩個月以上未滿三個月流產者可獲得 1 周產假；懷孕未滿兩個月流產者可獲得五日的產假。政府可以此作參考，研究制定適當的「流產假」政策，以確保經歷流產的女性能夠得到適當的支持和保障。

（三）彈性工時與家庭友善保障

自疫情開始，愈來愈多企業因應業務需要及留住員工，實行彈性工作安排。彈性工作模式各有不同，例如允許彈性工作時間，讓僱員在指定時間範圍內自行調整上班時間等；四天工作周；以及可在辦公室以外場所（包括家中）遙距工作。

對於家長來說，彈性工作安排可讓他們賺取收入同時兼顧照顧子女需要。不過香港只有個別僱主實行，普遍社會工作文化缺乏家庭與育兒支援，令雙職家庭極大壓力，這同時是許多婦女推遲生育計劃、甚至拒絕生育的原因之一。

一些國家透過政策幫助家庭。日本透過《育兒及護理休業法》，規定育有三歲以下子女的僱員享有更具彈性的工作時間，僱主必須設立較短工時的制度（每日六小時）。早前日本國會更修訂《育兒及護理休業法》，內容主要是規定所有企業須引入新制度，向僱員提供彈性工作選項。在 2025 年 4 月起，企業必須為養育 3~6 歲學前子女的僱員，提供至少兩個彈性工作選項（例如在家工作、較短或錯開的工作時間）。至於養育三歲以下子女的僱員，僱主則必須致力讓他們可在家工作。

新加坡則於 2024 年 12 月 1 日落實《三方彈性工作要求指引》，要求所有企業建立機制，讓僱員在試用期滿後，可以書面形式向僱主提出正式的彈性工作安排要求。僱主必須按指引及公平地考慮此等要求，並於兩個月內以書面回覆，若拒絕需提供明確的商業理據。彈性工作安排可分為三種方式，包括：

1. 彈性工作地點，在辦公室以外的任何地點工作；
2. 彈性工作時間，在總工時及工作量不變情況下實行彈性上班時間；
3. 彈性工作量，允許員工選擇不同工作量並獲取相應薪酬，兼職工作及分攤工作亦適用。

香港對家庭友善僱傭措施的鼓勵只有頒發感謝狀，未有具體措施推動，上述國家的經驗可為本港提供有力參考。筆者認為政府可為實行彈性工作安排的企業提供稅務優惠，支援在職父母平衡工作和家庭需求同時，亦避免為企業帶來太大負擔。

（四）託兒服務

雙職家庭在社會十分普遍，未有能力聘請外傭，又沒有親友協助照顧子女的家庭，就需要四處「撲位」，尋找託兒服務。託兒服務不足會窒礙婦女就業，這亦是港人無意生育的其中一個影響因素。

本港現時以資助非政府機構方式提供多元化兒童日間照顧服務，包括幼兒中心服務、鄰里支援幼兒計劃及課餘託管服務等。不過有關資助託兒服務不足以應付社會需求，例如育嬰園輪候時間可長達一年，因此有家長一知道懷孕已經遞表。立法會秘書處 2023 年出版以「日間幼兒照顧服務」為題的數據透視，便指出 2021 年香港有 81919 名兩歲以下幼兒，而相應的幼兒照顧服務名額只有 2027 個，即每 40 名適齡幼兒爭 1 個名額；其中以大埔區名額最為緊絀，該區只有 14 個名額，但有 3796 名幼兒，即多達 271 名幼兒爭 1 個服務名額。

筆者亦曾在 2023 年 2 至 3 月聯同婦女服務聯會進行「疫情後託管服務及發展需要」問卷調查，受訪的 463 人中，八成半受訪者表示由自己和配偶負責育兒工作，只有約一成受訪者反映能使用資助託兒服務，並有近八成人直言曾因照顧兒童影響工作。筆者常以觀塘牛頭角區為例，指該區有十多萬名居民，但整個牛頭角區一間託兒中心都沒有，促請政府增加現時的幼兒託管服務，在新建屋苑或政府設施時，亦應預留足夠的空間為當區居住人口及勞動人口提供託兒服務。

在社會和立法會多黨派建議下，2023 年的《施政報告》推出了支援在職家庭育兒措施，回應一眾家長訴求，展現政府為社會締造有利育兒環境的決心。當中包括增加幼兒中心名額和津貼，在三年內分階段增設十所資助獨立幼兒中心，提供額外近 900 個日間幼兒照顧服務名額；提高幼兒中心家長津貼，由每月最多 600 元至每月 1000 元。另外又推展學前兒童課餘託管服務至全港，將服務名額則由約 670 個增加至近 1200 個。

立法會亦曾關注「社區保姆」推出多年，但市民對其認知有限，且薪酬待遇低，少人加入保姆行列。《施政報告》亦有措施加強有關服務，增加「社區保姆」每小時服務獎勵金，由時薪 25 元，增至 40 元（照顧 3~9 歲兒童）及 60 元（照顧 0~3 歲嬰幼兒或有特殊學習需要兒童）。服務名額亦增加一倍至約 2000 個，受惠兒童會增加約一倍至 2 萬人，希望藉此吸引更多人加入「鄰里支援幼兒照顧計劃」。

許多國家地區在面對「少子化」及勞動力減少的困境，都有推出託兒支援。德國除了受資助的公營幼兒服務，政府亦設立公司幼兒照顧資助計劃，供中小企為僱員 6 歲以下子女設日間幼兒照顧服務；瑞典托兒政策涵蓋 0~12 歲兒童，主要由公立和非牟利機構提供，大部分為地方政府管理，可提供全天候的照顧，包括早上、晚上和週周末，費用通常由政府支付，另設家庭式托兒所，由瑞典政府僱用一些家庭照顧兒童。在亞洲，新加坡家長可將子女送往持牌託兒中心照顧，並獲發基本學前教育資助，如 2~18 個月嬰幼兒每月資助額最高 600 新加坡元，當地政府亦向超過 320 間私營託兒中心提供資助。日本的 3~5 歲兒童可享免費學前幼兒照顧、教育服務、育有 3 歲以下兒童的低收入家庭可獲免費日間照顧服務。

雖然本港生育率仍在低位，筆者期望政府繼續隨社會工作環境變化，推出更多元化的託兒服務，包括在更多政府大樓或公營機構提供幼兒託管服務，並開放予鄰近區內居民或非公務員在職人士使用；設立緊急暫託服務及 24 小時服務熱線，協助有緊急需要的家長獲取各區幼兒暫託服務，或緊急寄養服務的資訊；考慮在日後的賣地條款中加入須提供託兒服務設施的規定，以增加託兒服務名額。

（五）育兒補貼

2023 年《施政報告》其中一項全城熱議的措施，相信是政府宣佈為香港永久性居民所生的每名嬰兒派發 2 萬元「新生嬰兒獎勵金」。措施公布後，有年輕基層家庭向筆者反映，2 萬元的確能幫助他們分擔照顧新生嬰兒開支的壓力，不過社會亦有聲音認為，2 萬元不足以鼓勵港人生仔，因為在香港養大一個小朋友的開支實在太高。

「新生嬰兒獎勵金」是育兒補貼的一種，多個國家地區都有推出不同補貼形式鼓勵年輕家庭生育並協助減輕家庭經濟負擔。就例如新加坡推出了「嬰兒花紅計劃」，金額更是不斷調整，以 2023 年公布的最新金額來說，首兩胎可獲得 1.1 萬新加坡元津貼，第三胎及其後可獲 1.3 萬坡元。當地政府亦設立共同儲蓄計劃，由政府先存入 5000 坡元為起步津貼，子女年滿 12 歲前，父母存入款項，政府會作出等額配對供款（設有上限）。日本政府為每名新生嬰兒提供 50 萬日元一次性生育津貼，另設育兒津貼，每名 3 歲以下子女可獲 1.5 萬日元，每名 3~15 歲子女可獲 1 萬日元，排行第三或以上的子女每月津貼將增至 3 萬日元。德國設有毋需入息審查的全民兒童津貼，其為低收入家庭額外發放兒童補助金。瑞典除了為每名兒童發放津貼，亦有補貼父母留家照顧子女而收入減少的育嬰津貼，以及可用作照顧患病子女的兒童護理津貼。

對比上述豐厚津貼，香港派 2 萬元對養育一個小朋友可能微不足道。如果要借鑒其他經濟體，港府當然可研究提供定期支付兒童津貼、育嬰假津貼及托兒津貼等可行性。如再按香港社會情況研究更多育兒經濟支援，筆者就建議政府考慮將本地家務助理納入可扣稅範圍，同時參考長者醫療券的運作模式，研究增設「兒童醫療券」，每年向每個兒童醫療券戶口注資港幣 2000 元。

香港奉行簡單低稅率政策，要推行有關津貼就得一併考慮政府庫房收支平衡問題。恆常性津貼開支會否為本港財政帶來沉重負擔？再現實一點，就要審視推行育兒津貼「谷生育」所產生的經濟成效為何？

政府和社會都應共同努力，締造一個家庭友善、有利育兒的環境，鼓勵生育。

港人不願生育還有許多原因，政府需要多管齊下，不會只靠「派錢催谷」。因此，我們可見到政府在《施政報告》推出的支持新生及在職家庭措施中，還有增加「在職家庭津貼計劃」下的住戶及兒童津貼金額 15%；提高與居所有關的稅項扣除最高限額；居屋推出「家有初生優先選樓計劃」以及公屋推出「家有初生優先配屋計劃」等多項措施。

(六) 家庭發展基金：研究設立「新生代嬰兒基金」

除了幫助家長解決眼前的經濟需要等難題，我們亦需為香港新生代的長遠發展提供財政支援。

香港政府亦早於 2008 年成立兒童發展基金，但其覆蓋範圍有限，只針對年齡介於 10~16 歲，或正在就讀小四至中四的弱勢社羣兒童，無法滿足所有需要協助的孩子。此外，目標儲蓄計劃所累積的款項過少，無法支持學員參加長期的個人發展計劃，也無助於紓緩貧窮問題。

因此民建聯一直建議政府研究成立「新生代嬰兒基金」，為每名新生兒童設立戶口，以家庭儲蓄和政府配對資助的方式協助兒童累積資本，待兒童年滿 18 歲後方可提取。基金可用於升學、就業或應付危疾，目的是讓每個兒童有更公平的發展機會，減少跨代貧窮。

citibank

第五章

精準吸納
香港所需人才

「十四五」規劃、大灣區建設、打造香港成國際高端人才集聚高地等國家戰略，為香港注入發展動能。要用好大灣區發展機遇、實現「十四五」規劃為香港確立的「八大中心」定位，我們需要完善的人力資源規劃。大力培育本地人才必不可少，不過未來數年，香港各行業人力短缺估算約 18 萬人，包括不少專業人員和熟練技術人員，短時間內，我們需要透過招攬外來人才去填補人力和技能缺口，以支持經濟發展，維持香港在世界的競爭力。

勞工及福利局 2024 年 11 月發布「2023 年人力推算」報告，預計香港整體人力短缺 2028 年會增至約 18 萬。按照八大中心需要的人力供求來看，香港創科人才需求最大；如按職業組別劃分，2023 年「經理、主管及專業人員」和「服務從業人員」組別的短缺較嚴重，到了 2028 年，所有職業組別的預期人力短缺都明顯惡化，尤以「熟練技術人員」面臨最大壓力。

選定產業的人力供求差額

	2023 年 人力供求差額	2028 年 人力供求差額
八大中心		
國際創新科技中心	-6000	-18000 ~ -23000
國際航運中心	-4000	-10,000 ~ -15000
國際航空樞紐	-3000	-18,000 ~ -23000
中外文化藝術交流中心	±500 內	-5000 ~ -8000

	2023 年 人力供求差額	2028 年 人力供求差額
國際金融中心	±500 內	-1500 ~ -4500
區域知識產權貿易中心	±500 內	-1000 ~ -4000
區域國際法律及爭議解決服務中心	±500 內	±500 內
國際貿易中心	+5000	-11000 ~ -16000
九個關鍵產業		
建造業	-15000	-45000 ~ -55000
城市運作	-9000	-39000 ~ -44000
醫療保健業	-8000	-13000 ~ -18000
住宿及餐飲業	-7000	-14000 ~ -19000
零售業	-7000	-7000 ~ -10000
旅遊業	-5000	-9000 ~ -14000
社會服務業	-4000	-3500 ~ -6500
教育業	-4000	-2000 ~ -5000
製造業	+1000	-9000 ~ -14000
職業組別		
經理、主管及專業人員	-15000	-27000~ -32000
服務從業人員	-24000	-43000 ~ -48000
熟練技術人員	-10000	-60000 ~ -65000
非技術人員	-2000	-44000 ~ -49000

2028 年高需求職業例子

經理、主管及專業人員
創新科技專家、資訊科技及數碼化人員、數據分析師、金融科技及區塊鏈專家、精算師、工程師、飛機師、醫護專業人員（例如醫生、護士）
服務從業人員
機艙服務員、廚師、銷售人員、侍應、保安員
熟練技術人員
屋宇及機電設施維修技工 / 技術員、升降機 / 自動電梯技工、飛機維修技術員、機器操作員（先進製造）、船隻維修技術員、熟練建造業工人、司機
非技術人員
酒店房務員、清潔工、廚房幫工、倉庫營運人員及搬運工人

事實上，疫情過後，世界各地為重啟經濟、恢復生產力和競爭力，都紛紛急起直追，同時每個地方都出現人才荒。面對激烈的人才戰，香港政府亦沒有怠慢，特首李家超一上任，首份《施政報告》已推出多項招商引資引才措施，當中最為社會關注的包括「高端人才通行證計劃」。這項全新的招攬人才入境計劃彈性非常高，例如人才只需符合一定學歷或工作資格即可獲批入境，事前不需先獲香港僱主聘用，若要再申請延長逗留期限，則需獲得聘用或已在港開辦、參與業務。申請者交齊所需資料及證明文件後，四星期內便可完成審批。這便可讓人才更方便快捷來港發展，因此計劃 2022 年一推出，首十個月已吸引約 5.5

萬宗申請。其中，更吸引曾因「基因編輯嬰兒事件」被判入獄三年的南方科技大學原副教授賀建奎申請，不過政府很快調整申請流程，要求高才通及其他輸入人才計劃申請人申報是否有刑事定罪紀錄，這場小風波便告一段落。

港府的「搶人才」工作很快收到成效，國際管理發展學院（IMD）發布《2024 年世界人才排名》，本港由 2023 年第 16 位大幅上升至第 9 位，重返十大之列。香

高端人才來港服務協會帶領 30 多名
經高才通來港的專才到立法會參觀交流。

港在多個項目排名都有上升，特別在「吸引力和挽留人才（Appeal）」中的小分項「吸引和留住人才」，本港由2023年排名第32位，上升至2024年報告中的第14位，證明政府的新措施能吸引和便利世界各地的人才來港發展，豐富本地人才庫。

然而，高才通申請者不需事先獲得聘請，許多人關注人才來港後的活動，包括部分來港人才未有工作就業，亦暫未見創業例子，質疑是否真的可以為港帶來實際效益，推動本地高質量發展。筆者於是提出建議，希望政府統計高才抵港情況，包括從事職業、受僱職級、收入等等。

政府2023年向持高才通簽證來港超過半年的人才展開調查，結果顯示54%抵港申請人已在港就業，主要投身金融、創新及資訊科技和商貿等香港核心產業。他們每月收入中位數約5萬港元，當中25%人士每月收入達10萬港元或以上；10%人士每月收入20萬港元或以上。以上述調查結果為基礎，政府推算2023年已抵港高才通人士可為香港帶來每年約340億元的直接經濟貢獻，相當於本地生產總值約1.2%。

其實，外來的優秀人才及其家人對香港勞動力、經濟發展都可帶來正面影響，政府在計劃續簽上亦有加入必須工作或創業的條件，確保人才活動符合計劃原意。我們更需要關注的是如何在就業及創業方面加強協助高才盡展所長，以及如何協助高才減輕生活開支，避免辛苦吸引到來的人才被高昂開支「嚇跑」，轉到其他國家地區發展。

民建聯與勞工及福利局局長孫玉菡會面，
就高才通計劃推行情況及未來路向提出建議。

香港生活成本高是不爭事實，甚至多年來在不同報告排名都位列前茅。這一方面削弱人才來港意欲，亦容易「留不住」人才。不少外地專業人士均向筆者提出，考慮來港前，最擔心是家人生活與香港住屋開支昂貴。其實特首在首份《施政報告》提及「搶人才」時，已一併推出配套措施，合資格外來人才在成為香港永久性居民後，可申請退還在港置業已繳付額外的印花稅，不過力度似乎未足以提升人才來港、留港的誘因。計一計數，人才要先繳付起碼百萬元計的稅項，七年後成為香港永久性居民才獲退還，期間不獲任何利息或補償，這對於有心長期留港才考慮置業的人才來說，並無足夠誠意，更令他們有「損失」。

若其他城市以包括購房補貼的優惠措施向他們招手，香港便好大機會「爭輸」。因此筆者與民建聯曾向政府提出，既然政府有心從住房入手留住他們，何不實施高才置業暫免徵稅？若高才未在港住滿七年及成為居民而售出物業，便須繳回稅款才可賣樓。最終有關建議獲政府接納，向外來人才置業印花稅實施「先免後徵」，若外來人才最終未能成為香港永久性居民便要繳交稅項，逾期繳交會被徵收高達原本稅款十倍的罰款。筆者期望政府繼續審視人才留港發展情況，適時推出措施紓緩他們的生活壓力，以繼續吸引他們在港落地生根，包括考慮增設房屋津貼及人才獎金，或興建更多「人才斗室」。

精準「搶人才」鞏固香港「八大中心」定位

到訪香港人才服務辦公室，
了解各項輸入人才計劃運行及支援來港人士情況。

在高才通推出接近一年時，筆者曾接觸一批來自房地產及建築設計界的外來人才，了解他們在港情況。他們表示，自己經高才通來港後難以找到工作，並對此感到非常憂慮。一些未能做回「老本行」的高才表示，不排除轉跑道從事保險及金融行業，又或者選擇成為自僱人士。這情況實在令人驚訝，有人力資源顧問亦留意到類似問題，指普遍輸港專才難以覓職。筆者分析，這除了涉及市場供需錯配，人才未能掌握專業對口平台求職亦是一大原因，於是建議政府加強宣傳已設立的「人才服務窗口」線上平台，讓高才認識香港可靠的招聘平台與求職公司，並希望政府可以轉載更多專業職位空缺。

有海外來港發展的學者向筆者反映，除了以極高效率「搶人」，能否提供足夠機會讓人才發展、探索，亦是吸引人才長期留港的關鍵。筆者同意有關說法，要「留人才」政府必須有「大動作」，這不只是勞福局與入境處的工作，而是需要各政策局以及社會各界的配合，在不同領域、產業積極開發新項目、新平台，一方面有利輸入人才求職、留住他們，另一方面亦是在推動「八大中心」的建設。更重要的是，我們需要做到精準「搶人才」。為了助力香港打造國際高端人才集聚高地，筆者與民建聯提出一系列建議，當中包括制訂「未來人才需求清單」，識別各行業未來對人才的需求，重點針對香港急需但本地短缺、難以短期培訓的人才做好引進和本地培養的布局。另外，我們提倡適度擴大高才通合資格院校名單。高才通計劃最初的「合資格大學綜合名單」覆蓋了四個世界大學排行榜中的百強高校，並以大學或院校的整體作爲排名依據。值得注意的是，部分院校在國際綜合排名中並不突出，在某些學科或研究領域的排名卻極爲優異，部分領域更是香港當前所急需的。因此，我們建議政府允許更多在個別科目上出眾或整體聲譽良好的院校納入名單，從而提升引進人才的針對性、拓寬人才來源的渠道。我們同時建議政府主動出擊，向相關行業中的國際高端人才發出邀請，並進一步吸引重點企業來港投資，善用知名重點企業的領軍者效應，鼓勵它們在香港構建多元化的產業生態鏈。

民建聯成立「人才高地」辦公室，提供平台連結各方力量，促進香港成為國際高端人才的聚集地。

在我們提出一系列打造國際高端人才集聚高地的建議後，政府亦在 2024 年的《施政報告》宣佈革新輸入人才機制，包括更新「人才清單」，加入推動「八大中心」所需人才，以及擴大「高才通」大學名單，加入 13 間海內外頂尖大學；另外又在優才計劃下增設機制，主動邀請頂尖人才來港發展。這些措施將有助香港建立「國際人才庫」，我們對這些改革都是歡迎的，但筆者仍期望政府持續優化各項人才計劃，包括推出不同措施吸引他們留下，除了設立獎金、提升人才子女教育配套，亦可考慮設立特別機制或渠道，讓來自內地的高才、專才，從內地調動資金來港買樓或進行貸款之用，儘量方便他們在港生活，挽留人才。

本書出版前幾個月，正是第一批透過高才通抵港人才需要續簽的時期，引起社會各方關注成功續簽的人數及比率。筆者希望社會可以思考，究竟高才通的關鍵績效指標（KPI）應該如何如何釐定，高才通續證是否愈多愈好？抵港人才的量固然是一個明顯的指標，但正如本章主題「精準吸納人才」所指，我們亦應審視香港招攬的人才是否社會所需、同時香港又是否適合該人才長期留低發展，至於如何才能得出答案、如何篩選合適的精英，續簽便是一個重要的環節。實際上，高才通是一個以低門檻申請的高才輸入計劃，但成功續簽的要求應該是嚴緊的，續簽申請者須證明自己在香港有工作、有事務、有收入。若單是掛職申請，而長期沒有在港工作的話，便不應成功續簽。高才來港後的兩、三年，是他們與香港的蜜月期，也是融合期，更是磨合期。若高才在港兩至三年，也未能找到合適的工作，子女未能在港找到心儀學校，甚或高才在港也難以處理居住問題的話，也間接證明了香港市場並非該位高才所需的。磨合過後，合適的留下，不合適的離開，對香港、對高才也是合理又合適的安排。

民建聯人才高地聯同入境處和
香港人才服務辦公室共同舉辦人才簽證簡介講座。

全球人才競爭激烈 須持續優化機制

積極招攬人才不只是政府的工作，社會各界亦要身體力行，身為立法議員，筆者亦代表民建聯聯絡拓展委員會組織考察團，針對本港欠缺的專業人才，到外地宣傳人才入境計劃。

香港面臨「護士荒」，除了醫療機構，安老業同樣面對招聘困難。目前業界護士空缺高達 1000~2000 人，隨着「一院一護士」即將實行，業界急需增聘人手。筆者在 2024 年底代表民建聯聯絡拓展委員會，聯同香港安老服務協會舉辦「馬來西亞及泰國安老業界發展考察交流團」，帶領本港安老業界到訪泰國和馬來西亞，了解當地護士培訓情況，並探討輸入香港的可能性。

與考察團到位於吉隆坡的馬來亞大學推廣高才通計劃。

該次考察團有 20 多名本港私營安老院營運者及領導層參與，分別與泰國及馬來西亞的護士培訓學校、中介公司代表，以及馬來西亞兩所大學的醫學院護理學系交流。當中，我們特別到訪 QS 世界百強排名的馬來亞大學（University of Malaya），筆者向該校醫學院推廣高才通，提及該校校友和畢業生都可透過高才通來港就業、創業。

馬來西亞是多元種族國家，參觀學校培訓時，我們發現不同種族的護士都能掌握多種語言，舉例有當地的馬來人和印度人用流利英文與普通話跟考察團即時交流，這都令不少參加者感到驚訝。參加者在行程完結後，普遍認為馬來西亞護士語言能力高、培訓內容與香港相若，非常適合香港。此外，有人看好馬來亞大學的畢業生，認為除了擔任一般護士工作，更可協助管理院舍。

考察團期間，已有參加者希望透過馬來西亞中介公司協助，物色合資格的馬來西亞護士來港工作。不過在探討輸入護士時，大家同時理解到許多馬來西亞的優秀人才都早被新加坡以優厚條件吸引到當地就業，除了可觀薪金，還有住宿、交通、居留權等具吸引力的條件「搶人才」。除了新加坡，其他地方如澳洲、杜拜等都正積極吸納當地護士。上述例子恰好證明國際間人才爭奪戰的激烈程度，各地政府、企業機構都推出進取的吸引人才政策和待遇，因此我們要更積極招攬人才。

在激烈的國際人才戰上，香港是否有足夠競爭力？如何才能搶贏、爭得贏？我們需要繼續提升競爭力，多向海外推廣新政策，宣傳香港機遇，吸引世界精英落戶。除了考察團，筆者亦參與不同招才行動，持續到海外宣傳推廣，包括在 2025 年 4 月隨香港特區政府、香港人才服務辦公室到東南亞參與大灣區聯合招才行動，在海外舉辦大灣區城市推薦會以及企業招聘會。展望未來，香港特區政府仍需持續優化輸入人才機制，賦予政策更高靈活性。長遠來說，我們還需要積極培育本地人才，提升整個社會的競爭力，以促進社會發展，這方面筆者在「本地勞工升級轉型」的篇章再作討論。

隨香港特區政府及人才辦到吉隆坡出席粵港澳大灣區
人才匯聚發展推介會，推廣香港在「一國兩制」下背靠祖國、
聯通世界的獨特優勢和機遇。

citibank

第六章

談香港輸入外勞機制

疫情後社會處於復甦階段，香港對勞工的需求急速反彈，但因應人口老化、出生率低、人才外流等挑戰，本地勞動力持續萎縮，多個行業出現「人手荒」。勞工及福利局 2024 年 11 月發布「2023 年人力推算」報告，指出 2023 年本地勞動市場短缺約 5 萬人。人手短缺情況涵蓋多個行業，由非技術人員、熟練技術人員、服務從業人員，到經理、主管及專業人員都存在，報告推算香港經濟至 2028 年每年增長 3.2%，此情況帶動主要產業的人力需求持續高企，預計到 2028 年整體人力缺口將擴大至 18 萬。

	2023 年 人力供求差額	2028 年 人力供求差額
九個關鍵產業		
建造業	-15000	-45000 ~ -55000
城市運作	-9000	-39000 ~ -44000
醫療保健業	-8000	-13000 ~ -18000
住宿及餐飲業	-7000	-14000 ~ -19000
零售業	-7000	-7000 ~ -10000
旅遊業	-5000	-9000 ~ -14000
社會服務業	-4000	-3500 ~ -6500
教育業	-4000	-2000 ~ -5000
製造業	+1000	-9000 ~ -14000
職業組別		
經理、主管及專業人員	-15000	-27000~ -32000
服務從業人員	-24000	-43000 ~ -48000
熟練技術人員	-10000	-60000 ~ -65000
非技術人員	-2000	-44000 ~ -49000

事實上，本港失業率維持在約 3% 這個低水平數字已一段時間，是接近全民就業狀態，如何補充本地勞工不足成為社會討論的焦點。釋放本地勞動力工作持續多年，仍未滿足市場需求，有聲音認為政府要放寬輸入勞工政策。過往討論「輸入外勞」往往掀起勞工界強烈反彈，並引發勞資雙方的激烈爭論，一方力求保障本地工人就業，另一方批評申請繁複、審批緩慢。不過疫後人力短缺壓力日益嚴峻，筆者認為，除了着重提高本地勞動力素質、鼓勵年輕人加入缺乏人手的行業、推動科技發展外，社會不應排除輸入外勞作為人力補充的合理選項。

根據當時的「補充勞工計劃」，在香港經營業務的僱主如確實未能在本港聘得合適人手，可申請輸入屬技術員級別或以下的勞工，前提是僱主必須優先聘用並致力培訓本地工人來填補職位空缺。

在「補充勞工計劃」下，每宗申請須提交予勞工處作原則性審批，處方會按個別情況考慮有關個案，並徵詢勞顧會的意見。在通過勞工處申請後，僱主需要經過四星期公開招聘並確認未能聘請本地勞工，申請才會遞交至勞顧會考慮，整個審批過程一般需時五個月。參與計劃的僱主必須符合若干規定，包括將全職本地工人與外來工人的比例維持於 2：1、輸入勞工的薪金不低於市場中位工資、繳交輸入勞工徵款、只能參與合約規定的職位及指定職務，以及為外勞提供免費醫療和住宿支援等。計劃下，僱傭合約期最長為兩年，期滿後不可自動續期，外勞必須返回原居地。雖然「補充勞工計劃」沒有訂明合資格參與的行業清單，但輸入非技術或低技術工人的申請通常不獲考慮，政府亦訂明了 26 個通常不包括在「補充勞工計劃」下的職位類別，包括：

1. 營業代表	2. 售貨員
3. 侍應生	4. 接待員
5. 收銀員	6. 初級廚師
7. 食品加工工人	8. 文員
9. 銀行櫃檯員	10. 電腦／打孔機操作員
11. 電話接線生	12. 布草房服務員
13. 洗衣工人	14. 整熨工
15. 髮型師	16. 貨倉管理員
17. 裁剪工	18. 裁床工
19. 檢查工	20. 送貨員
21. 駕駛員	22. 清拆工
23. 石工	24. 噴漆工
25. 渠工	26. 補漏工

提紓緩勞工短缺新機制倡議

筆者於 2023 年 4 月撰寫了「紓緩勞工短缺政策倡議」，就紓緩勞工短缺提出新機制建議，確保本地就業優先的前提下，有條件、有需要地按照行業供需輸入外勞。

根據當時數據，上述計劃獲批個案有限，在 2003~2021 年期間，每年獲批申請宗數為 1900 宗。商界普遍批評以五個月來審批補充勞工計劃申請時間過長、程序複雜，加上申請成功率低，輸入勞工數量無法滿足勞工缺口。以建築業 2021 年的申請數字為例，該年申請量為 846 宗，最後只得 6 宗獲批，面對人手嚴重不足，業界憂慮將拖慢未來大型工程及基建項目進度，更可能影響施工素質。申請時間長、成功率低，與機制缺乏系統化的客觀參考因素作依據相關，以致諮詢勞顧會意見時，容易引發勞資雙方各執一詞，政府在機制上亦未能做到主導角色，最終拖延申請進程，甚至導致申請失敗。因此筆者認為，在處理外勞議題時，政府應公開更多數據與推算，包括就業不足率、行業收入、職位空缺率、勞工短缺狀況、培訓數據等，讓勞資雙方更了解行業人手迫切的真實情況。若人手不足的情況持續惡化，會削弱本港經濟和社會發展力量，最終由全港市民一起承受惡果，例如餐廳人手不足要高價請人，就會通過加價轉嫁到消費者身上；清潔或保安要加薪挽留，市民就會被加收管理費。在保障本地勞工的原則下，輸入外勞不會是洪水猛獸。因此，筆者於 2023 年 4 月撰寫了「紓緩勞工短缺政策倡議」，就紓緩勞工短缺提出新機制建議，確保本地就業優先的前提下，有條件、有需要地按照行業供需輸入外勞：

第一步、勞顧會參考政府「人力資源推算」結果，以數據為依歸，制訂與確認「勞工短缺清單」，每年就個別嚴重短缺行業工種作人力資源調查，補充與更新「清單」。

第二步、由勞工處參照「勞工短缺清單」推出「短缺工種就業計劃」，計劃參考僱員再培訓局「特別．愛增值」計劃的做法，向學員提供每月 3000 元、為期不多於六個月的在職培訓津貼，僱主需以高於該工種的工資中位數聘請本地勞工。

第三步、「短缺工種就業計劃」最長六個月結束後，若僱員未有留任或未能聘請本地員工，僱主可輸入「短缺勞工」。由於僱主參與「計劃」時已作審核，僱主只需經簡單程序便可輸入「短缺勞工」，並將相關程序壓縮至三個月，個案審批由所屬行業的政府部門首長負責，例如安老業交由社署處理、建造業交由發展局，縮短相關程序時間。僱主須就每名輸入外勞繳付每月 400 元輸入勞工徵款，用作補貼「短缺工種就業計劃」開支，專款專用。此外，建議輸入外勞合約期為不多於兩年，約滿後可續約多一次，即採取「2+2」方式，免卻現行外勞兩年約滿後需返回原居地才能再申請來港。

港府 2023 年推優化輸入勞工計劃

為應對人力短缺挑戰，政府在保障本地工人優先就業的前提下，加強輸入勞工機制。行政長官李家超於 2023 年 6 月出席行政會議前見記者，表明香港通關、社會全面復常後，多個行業及工種都反映勞工短缺，政府很快公布方案應對，包括在保障本地工人就業優先及工資收入下有限度輸入勞工，並會以培訓及增加本地勞工為主，引入外勞作為輔助及非永久措施。及後，勞福局便相繼公布多項計劃，包括於 2023 年 6 月 19 日推出「院舍輸入護理員特別計劃」，同年 7 月 17 日分別為建造業和運輸業（航空業、公共小巴、客車行業）推出「行業輸入勞工計劃」，同年 9 月 4 日起推行「補充勞工優化計劃」。在這裏，筆者先簡單介紹上述幾項計劃。

補充勞工優化計劃優化範圍包括：

1. 暫停執行 26 個職位類別及非技術或低技術職位一般不得輸入勞工的規定，為期兩年；
2. 精簡「補充勞工計劃」申請的核實程序，以審視文件，按情況向僱主進行電話或書面詢問代替審批前巡查；
3. 優化諮詢勞顧會的工作流程，勞工處由每月向勞顧會傳閱每宗申請建議和個案撮要，改為採用表列形式提交建議重點，有需要時增加向勞顧會傳閱申請次數，勞顧會審閱每批申請時間由七個工作天縮短至四個工作天；
4. 「補充勞工計劃」的其他主要規定，包括四星期本地招聘和就每宗經甄別的申請諮詢勞顧會的安排，將維持不變。

行業輸入勞工計劃

立法會人力事務委員會參觀建造業輸入勞工宿舍。

配額：

1. 建造業總配額為 1.2 萬個，由發展局審批，審批時間約兩個月；
2. 航空業總配額為 6300 個，由運輸及物流局和香港機場管理局審批，約需時兩星期完成審批；
3. 公共小巴、客車行業總配額為 1700 個，由運輸署審批，一般情況下，公共小巴業配額為 900 個、客車業配額為 800 個，審批時間約為 1~2 個月。

本地招聘：

較「補充勞工計劃」精簡，僱主如提交在申請前四個月內經相關決策局或部門指定途徑進行招聘的證明，就可被視為符合本地招聘規定，不須待其提出的聘用條款通過勞工處的初步甄別後才展開四星期本地招聘。

人手比例：

輸入勞工人數與全職本地員工人數的比例為 1：2，如決策局認為有充足理據，個別行業、職位可容許例外處理。

外勞工資：

為保障本地勞工優先就業，外勞工資必須不少於香港相關職位的每月工資中位數。

住宿安排：

僱主須為外勞提供住宿；僱主如未能提供免費住宿，可從外勞工資中扣除實際住宿開支，或不超過 10% 工資的住宿費，以較低者為準；建造業僱主需在香港指定地點為外勞提供住宿，不可於私人市場自行安排住宿；政府容許跨境住宿安排，僱主可在內地為外勞提供住宿，或讓外勞在其位於內地的住所居住。

合約及其他行政安排：

僱主必須與外勞簽訂標準僱傭合約，並須安排他們在抵港八星期內參加僱傭權益簡介會；僱主要在合約期開始時繳付「僱員再培訓徵款」，每名輸入勞工每月 400 元；外勞簽證期限一般為 24 個月或整段僱傭合約期，以期限較短者為準。

院舍輸入護理員特別計劃

配額：

整體輸入配額為 7000 個，包括原有經由「補充勞工計劃」輸入的約 4000 名護理員，以及新增的約 3000 個配額，由社署署長擔任主席的跨部門聯絡小組以先到先得方式審批，一般需時約兩個月（勞福局 2024 年表示計劃分階段額外增加輸入配額至 1.5 萬名院舍護理員）。

本地招聘：

簡化程序，院舍提交申請前 30 日內，只需連續 14 個曆日在指定途徑刊登兩則廣告招聘本地護理員，以證明已招聘本地人手但未能填補空缺，而本地招聘的薪金必須不低於聘請輸入護理員的薪金。

人手比例：

津助院舍及合約院舍每聘用兩名全職本地僱員（不限職位），最多只可申請輸入一名護理員（2：1）；私營院舍及自負盈虧院舍（包括參與買位計劃的院舍）每聘用一名全職本地僱員（不限職位），最多只可申請輸入一名護理員（即 1：1）。

外勞工資：

輸入護理員的薪金不得低於政府統計處編製的護理員每月工資中位數。

合約及其他行政安排：

僱主必須與外勞簽訂標準僱傭合約，並須安排他們在抵港八星期內參加僱傭權益簡介會；僱主要在合約期開始時繳付「僱員再培訓徵款」，每名輸入勞工每月 400 元；外勞簽證期限一般為 24 個月或整段僱傭合約期，以期限較短者為準。

其他保障本地護理員機制：

不得以輸入護理員取代原來在職的本地護理員，院舍如需裁員，則必須先裁減輸入護理員；輸入護理員同樣獲香港勞工法例保障，包括工資支付、扣薪限制等；有關部門因應違規風險進行巡查，如院舍違規違法，會被檢控或有行政制裁，包括撤銷獲批外勞配額和不得參與特別計劃等。

理性看待輸入外勞

雖然政府未有全盤接納筆者的建議，但細看上述幾項輸入勞工的措施，都可見到當局在整體設計框架花了許多心思去保障本地勞工權益，包括致力保障本地就業優先、確保本地工人收入受保障、加強支援本地勞工權益，及加強本地培訓。

勞工界憂慮輸入外勞「中門大開」，僱主會藉此「假招聘、真揀人」，用各種手段製造難以招聘本地人的情況。在輸入勞工政策設計上，政府設有人手比例規定及配額制把關，沒有開放讓外勞填補所有本地職位空缺，即是僱主仍需努力聘請本地員工。為確保本地就業優先，僱主在申請聘用外勞前，須證明經過四個星期本地招聘後仍有人手短缺，過程中勞工處會逐一審核招聘情況，以判斷僱主有無誠意聘請本地勞工，包括處方會轉介求職者、檢視應徵人數和聘用數字，以及查問不聘請求職者的原因。

為保障本地勞工薪金，政府規定外勞工資不可低於相關職位薪酬中位數，這樣僱主不能夠藉聘請外勞節省金錢，已減少社會對引入外勞會「打爛工人飯碗、壓低工人工資」的質疑。至於如何定義工資中位數，則由統計處調查各行業的勞工收入所得出。就此，筆者過去亦多次提出，政府需調整工資中位數的定義，防止輸入外勞成為本地勞工市場的新矛盾點，當中勞工接受收入統計調查時，只會填寫底薪，無包括到加班收入及非固定發放津貼，所以有些工種可能會低估了本地勞工的工資水平，而外勞按工資中位數決定薪酬，某程度會令外勞變成「廉價勞工」，影響本地工人待遇。

「行業輸入勞工計劃」亦附帶支援本地工人的條件，包括：參與上述計劃的僱主須就每名輸入勞工，繳付每月 400 元的「僱員再培訓徵款」，用作支持僱員再培訓局加強培訓及再培訓本地勞工，提升後者就業能力；另航空業僱主和機管局要分別就每名輸入勞工支付 400 元，用作補貼本地機場員工交通費，減輕其負擔。

一些工會和組織提出外勞會影響本地就業，並引用調查數字，要求政府立即停止輸入外勞。其實要準確知道輸入外勞對本地勞動市場的影響，筆者期望統計處能在恆常失業及就業不足的統計數字上，將失業率、勞動人口、工資水平等數據分開為本地及外勞，讓社會各界可以觀察輸入外勞對本地勞動市場影響，特別是本地勞工的失業率有無上升。長遠來說，政府亦應定時公布不同行業的人力短缺數字，以及引入的外勞數字與來源，適時檢討市場情況，判斷是否需增加或減少輸入外勞的限額。倘行業沒有人力短缺，便要撤走外勞。

完善監管制度 杜絕剝削及黑工亂象

放寬輸入勞工措施實施不久，本港便浮現因外勞而引起的社會問題。其中一個是外勞剝削情況屢見不鮮，媒體多次揭發，涉及中介、無良僱主及管理公司等，剝削方式層出不窮。

目前本港輸入外勞主要由 14 間內地持牌勞務公司在內地招人，再透過本港中介公司轉介予僱主。據國家商務部《對香港地區勞務合作管理辦法》，內地輸出外勞必須由持牌勞務經營公司辦理手續，期間可按國家規定收取一定金額的勞務費。《辦法》第二條及第六條分別列出「未獲批准的公司一律不得經營對港勞務合作」、「禁止經營公司間的相互壓價和中間商的介入」。不過在實際操作過程中，由於過去每年輸港的勞務工人數只有數千名，香港推出放寬輸入勞工措施後，亦只有少數公司有經營輸港勞務活動與相關聯絡網絡，部分持牌勞務公司由於缺乏外勞網絡，要依賴其他中介公司轉介，故無持牌的內地中介及家政公司便遊走在當中，作為「艇仔」招攬勞工到香港工作。這便造成一些無良中介濫收中介費用、陰陽合同、扣押提款卡、與無良僱主合謀以各種手法剋扣工資等不法行為。

過去有傳媒報道，有安老院涉嫌利用「陰陽合同」手法，偽造另一份「勞務合同」向內地來港的外勞護理員騙取「勞務費」或雜費。報道揭發後，政府調查涉事僱主，但消息稱僱主以終止僱傭合約威逼外勞護工離港，阻撓調查。事件受社會廣泛關注，最終由警方商業罪案調查科訛騙案調查組到院舍搜查，並以涉嫌「串謀詐騙」拘捕兩名負責人。

勞工處對外勞工作場所的巡查和調查力度有限，即便巡查約見外勞，外勞因害怕遭解僱，較少主動舉報。而無良僱主往往在表面上透過銀行發放符合規定的薪酬，事後卻以扣押員工銀行卡、派員陪同提取現金及收取額外雜費等方式收回現金，因此在搜證上存有一定困難。

與輸入勞工交流，了解他們在港的日常工作和生活情況。

另一方面，入境事務處亦有搗破非法勞工犯罪集團，集團專門協助非法勞工偽造身份證、住址、經濟證明文件及水費單等資料，並安排非法勞工到不同地方從事黑工。舉例，2025 年初入境處便發現一間洗碗清潔公司，涉嫌安排多名非法勞工到不同餐廳進行洗碗清潔工作，經深入調查及情報分析，成功鎖定一個非法勞工犯罪集團，並在全港多區展開針對性的反非法勞工行動，巡查 25 間餐廳，共拘捕 14 名非法勞工。

外勞被剝削的問題，除了涉及勞工權益，更會直接影響本地勞工市場。當剝削外勞成為「潛規則」，便可能令僱主傾向聘用外勞，影響本地勞工待遇與就業情況。因此，社會各界應加強舉報，政府亦應加強執法，確保輸入外勞的每個環節與制度設計保持一致，使公眾對輸入外勞制度有信心。聘用外勞的僱主亦要留意，若有任何違規違法行為，除了須承擔包括僱傭條例的法律責任，也會影響其再次聘用外勞的申請資格；倘公司業務涉及政府項目，有關違規違法的紀錄更會影響中標機會。

筆者建議完善監管制度來杜絕上述情況。首先，建議在勞工處職業介紹所事務科轄下設立「外勞事務專組」，加强中介監察與服務素質，增加營運透明度，主動監察聘用程序、手續及費用等問題，制訂匿名舉報及突擊巡查制度，並主動向外勞宣傳教育，增强外勞的自我保障意識。第二，勞工處可設立「中介公司評分制度」，容許僱主、外傭及外勞對中介公司作出個別評分。僱主在尋找外勞時，可透過勞工處提供的中介公司評分以選取合適的中介公司，由於評分結果將直接影響中介公司的聲譽，他們理應會為了提高信譽力而積極改善服務。第三，特區政府應加强與內地協作，打擊無牌經營、主動調查與懲處借用牌照經營，推動聯合執法；建立資訊溝通機制，加强信息交流。第四，建議中央增加勞務公司牌照，重點增加廣東省勞務公司數目，這可讓僱主更易接觸外勞網絡，避免無持牌的內地中介及家政公司遊走當中，同時有助促進大灣區勞工互動。

外勞適應與工作質素

外勞抵港以後，僱主滿心期待填補人手空缺，可提升生產效率，卻出現外勞質素參差、難適應新工作環境等情況。最先出現的情況是經運輸業輸入勞工計劃來港的外勞司機因未能通過香港的駕駛執照考試而不能開工，有小巴外勞即使重考亦未能及格。根據運輸及物流局提供數字，截至 2024 年底，726 名外勞小巴司機參與共 1453 次駕駛考試，當中包括 727 次重考，考試平均合格率為 42%，平均每人要考兩次才過關。對於上述情況，有指本港小巴考試一向嚴格、及格率低，亦有認為外勞司機未能適應駕駛文化差異。有僱主認為外勞司機考試表現強差人意，是因為他們抵港後已是僱員，即使未考取牌照，仍獲支薪，導致他們對通過考試開工的積極性不高，外勞未開工，僱主已需要花上數萬元開支。

建造業同樣面對外勞質素參差問題，外勞抵港後，有業界向筆者「吐苦水」，稱由於工作文化和建築文化不一，部分外勞剛開工時「手勢」不同，需要時間適應及重新培訓，個別情況更需要由幾個師傅一起「傍住」兩個外勞。事實上，部分工種需要持有認可的牌照或證書，但大部分外勞都不符合本地工作要求而需額外培訓和指導。

除了上述情況，語言、職場文化風俗、法規與制度的不同都影響外勞工作表現。本港主要從內地輸入外勞，他們大多不懂粵語，工作時會遇到語言障礙，影響與同事和客戶溝通，進而影響工作表現和效率。外勞需要時間適應新工作文化和環境，包括風俗、制度、價值觀、職場文化，以及如何與本地僱員相處。另一方面，外勞普遍對自身權益了解不足，或會因文化差異或語言障礙而較易被剝削，乃至被僱主要求參與不容許的工序或違法行為，例如過去有投訴指護理員被要求從事護士工作、地盤工被要求參與需持牌的技術性工序。

要解決上述問題，筆者提倡外勞抵港前要「先培訓、後聘請」。筆者在 2024 年 7 月發布「外勞培訓機制政策倡議」，建議由本地培訓機構（如職業訓練局 VTC）與內地院校合作，在內地建立跨境培訓基地，課程由香港當局監管與認證，內地勞務公司參與學員招募與配對。輸港勞工的培訓標準可由香港方面提供準則，內地單位協助建構培訓資歷，如培訓紀錄、證書、評價制度等，以方便互認，培訓費用可由多方承擔，包括工人、僱主或港府資助。此外，外勞來港前的培訓內容還應包括香港法例解讀、勞工權益投訴等。至於來自東南亞與其他海外國家地區的外勞，建議邀請本地培訓機構合作，來港後集中以香港標準進行培訓。

政府亦可鼓勵企業學院在內地設立分校培訓外勞。近年不同企業或行業都有與大學院校或培訓機構合作成立學院培育行業專屬的人才，而修畢相關課程可獲資歷架構認證並獲相應的專業資格，課程質素及水平受到業界認可，有關企業學院例子包括中華煤氣培訓學院、港鐵學院、中電學院、九巴學院；行業學院方面則有香港國際航空學院、香港建造學院。政府可以鼓勵企業與行業學院在內地設立分校培訓內地人才，因應業務需求和員工實際情況設計培訓課程，更好地滿足員工的學習需求與行業需求，提高培訓效果與企業競爭力，紓緩人手不足。

建立跨境培訓基地除了滿足外勞培訓的需求，還可進一步推動兩地職業技能互認，促進大灣區人才流通，從而推動整個經濟發展，我們在「促進大灣區人才流動」篇章繼續。

筆者提倡外勞抵港前要「先培訓、後聘請」。

citibank

第七章

本地勞工升級轉型

疫情肆虐全球約三年，香港經濟亦備受打擊。當疫情逐漸消散，市民普遍期望可恢復舊有「常態」生活，然而世界經濟活動模式在疫情期間已出現變化，我們很難再回到從前。疫後經濟作業與消費模式改變、勞動力變化、科技開始廣泛應用，以至外勞與外來人才的引入，都令不少本地勞工感到無所適從，並對未來就業前景感到憂慮。在拼經濟、謀發展的同時，亦需要保障和照顧本地僱員。授人以魚，不如授人以漁，要保本地工人飯碗，我們可以支援他們升級轉型，以適應市場一連串轉變，並且提升就業能力與競爭力。

經濟活動的微妙變化均可對勞工市場造成很大的影響。疫情下，僱主因應實行保持社交距離措施，更廣泛應用科技，逐漸出現科技取代人類工作的現象。舉例，愈來愈多餐廳和超市使用機械人與自動化設備，包括自助點餐機、自助收銀機、送餐服務機械人等，便減少了人工收銀員、侍應等服務員的需求。另一方面，因着降低成本和錯誤、提升效率及競爭力等業務需要，許多機構開始數碼轉型，數碼化例子包括銀行和金融公司使用網上銀行與數字化服務，便減少了對人工櫃員和服務員的依賴。除了自動化及數碼化，市場亦正興起以智能化技術，在許多範疇採用人工智能（AI）進行分析與智能決策，一些智慧倉庫在引入人工智能系統、機械人、傳感器等多項設備後，甚至可以無人運作，做到自動分類、撿貨和包裝，以及實時監控及追蹤訂單狀態。AI 的強大在世界更掀起取替人類的討論，涵蓋基層至專業與高薪職業，包括行政人員、財務會計、法律文書、建築工程師、記者、編輯、設計師、醫生及治療師……

在科技浪潮下，本地不同行業的勞工都應增值自己，
提升競爭力。

就如財政司司長陳茂波於 2025 年《財政預算案》中提到，AI 技術的迅速發展正在重塑全球經濟中長期格局，特別是其發展已不再局限於單一技術領域，而是以 AI+ 的方式應用到各產業。全球價值鏈正在深刻重構，產品設計和製造均朝着更智能化和數字化的方向轉型。這場科技變革不僅顛覆傳統的生產方式、商業模式及消費模式，更在重新定義不同經濟體、產業或企業的核心競爭力。司長在《預算案》中表明，人工智能是加速培育新質生產力的核心，政府會善用「一國兩制」的制度優勢及國際化的特點，讓香港成為人工智能產業國際交流協作的匯聚地，通過前沿研究和落地應用，全力發展人工智能為關鍵產業，並賦能傳統產業升級轉型。筆者認為， AI 廣泛應用為大勢所趨，除了年輕一代的培訓，本地不同行業的勞工都要在科技浪潮下增值自己，提升競爭力。

表面看來，不少服務和工作正逐漸被自動化、數碼化、物聯網、人工智能等科技取代，其實科技同時為人類提供輔助，甚至可以產生新的產業，勞工可因此獲得新的工作機會。數碼化發展為零工經濟提供發展基礎，勞工可透過不同網絡平台尋找工作機會，例如外賣平台、速遞平台、網約車平台，甚至是服務配對平台。科技亦衍生新的工種，如數據分析師、網絡安全專家、社交媒體經理、機器學習工程師、數據科學家等等。

越來越多餐廳和超市使用機械人與自動化設備，
包括自助點餐機、自助收銀機、送餐服務機械人等。

改革僱員再培訓局 推動全民升級轉型

各行各業應用科技的情況愈來愈普遍，僱主對人力需求亦有改變，打工仔需要提升技能，同時面對職業轉型的挑戰。由於不同經驗和學歷的勞動人口，都有不同的培訓和持續進修需要，因此筆者曾於立法會向政府提出口頭質詢，了解政府優化僱員再培訓的工作，並提出建議，希望僱員再培訓局（ERB）作出改革，以配合經濟發展和人力培訓的需要。

筆者當時提出，僱員再培訓局與持續進修基金的課程經常重疊，而且往往都是「市場喜好」而非「就業導向」，兩邊都開出大量沖咖啡班、插花班、學習拍片等課程，對於培訓高技能人才，沒有就業幫助。因此，筆者提出改革 ERB 的方向主要有兩個，第一是參考人力資源推算得出的數據，評估人力市場和新技能的需求以調整課程及架構，課程需要與未來經濟發展和市場技能接軌；第二是研究撤銷報讀「僱員再培訓計劃」人士的學歷上限，讓有需要的高學歷人士參與再培訓課程，為就業轉型做好準備。

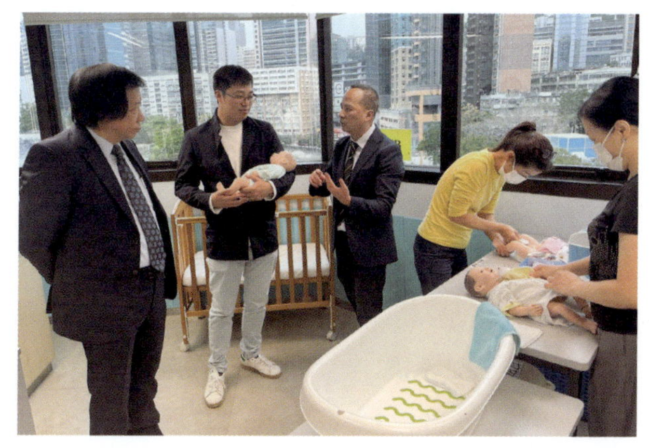

筆者提出僱員再培訓局（ERB）應改革以配合經濟發展和人力培訓的需要，包括調整機構定位、擴大培訓對象，改革培訓課程和策略。

我們來看看新加坡的例子，當地精深技能發展局（SSG）發布《未來經濟技能需求》報告（Skills Demand for the Future Economy），分析目前與未來的就業市場趨勢，研究新加坡未來技能需求，以便為市民提供相應的培訓和支援。這種方式能確保市民具備未來職場所需的技能，並幫助他們轉換到更適合的職業。新加坡還設有「技能創前程」計劃（SkillsFuture），鼓勵市民提高技能和就業競爭力，25 歲或以上新加坡公民可以啟用未來技能培訓帳戶，得到一筆 500 元坡元的補助金報讀合資格課程。新加坡政府亦會按當地社會及特定羣組需要推出更多計劃，並增發補助金，幫助市民不斷提升技能，與時俱進。其中一個例子是推出「技能創前程進階計劃」（SkillsFuture Level-Up Programme），向 40 歲以上市民提供額外 4000 元坡元進修，學習新技能。另外當地又將推出加強版就業技能計劃（Workfare Skills Support），年滿 30 歲希望進修的低收入僱員可獲每月 300 元坡元的津貼，或過去 12 個月平均收入 50% 的津貼。

要提升香港長遠競爭力，我們必須提升僱員的技能及就業能力，職業培訓的着重點不能只着眼「釋放本地勞動力」、「推動再就業」，我們更需要的是針對經濟轉型來加強本地培訓，使本地勞工擁有未來香港經濟所需的關鍵技能。因此，筆者提出僱員再培訓局與持續進修基金也可以善用「人力推算報告」、「香港人才清單」作出改革，調整機構定位、擴大培訓對象，改革培訓課程和策略。政府可考慮建基於「人才清單」上，制定與未來人才需求相關的周年報告及技能需求清單，通過對行業趨勢和勞動力市場需求的深入分析，確立未來香港經濟所需的關鍵技能，例如數據分析、人工智能、網絡安全和機器學習等等，然後加強本地培訓。較具體的提議是，政府可考慮設立「短缺工種就業計劃」，參照「特別 · 愛增值」模式，每月提供具吸引力的培訓津貼鼓勵市民參與，以解決勞動市場中短缺工種和技能問題。

這方面僱員再培訓局很快便作出回應，2024 年 4 月 ERB 便推出「創科 · 愛增值」計劃，提供超過 50 項創新科技相關的培訓課程，讓 15 歲以上的失業、待業及在職人士報讀，並引入課程學費全免及不限學歷的特別安排。報讀就業掛鈎課程的失業或待業人士，在完成課程後，更可獲發放再培訓津貼及 3~6 個月的就業跟進服務，每名合資格學員每月可獲發放的津貼額上限為 8000 元。這項計劃能幫助本地不同階層的勞工裝備數碼新技能，從而提升就業競爭力，以應對快速變化的經濟和科技環境，同時有助推動智慧城市發展及支援行業數碼轉型。

政府亦在全面檢討 ERB 後，於 2024 年《施政報告》宣佈改革 ERB，提升 ERB 角色和定位，由為基層勞工提供「就業為本」的培訓，提升至為整體勞動人口提供「技能為本」的培訓課程和策略，以助本地勞工面對市場激烈競爭、產業迅速發展及科技應用普及化。改革即時措施包括不再設學歷上限，以全民培訓為目標、增加最少 1.5 萬個年度總學額、加強與高等院校和龍頭企業等合作，及加強職涯規劃和職業配對等服務。除了落實上述短期措施，再培訓局會就如何掌握和預測未來技能需求、重新定位和建立品牌、調整架構和人手，以至修訂《僱員再培訓條例》等中長期工作，制訂細節和時間表。

多管齊下 促進創新創業

政府透過人才需求清單掌握社會對未來技能需求後，應推出更多配套措施加強教育和培訓，改革 ERB 只是其中一招，筆者認為多管齊下才可迅速促進創新創業。當中建議包括：

1. 政府應主動與大學或高等院校合作，在設計課程及制訂學額時配合人才清單需求；
2. 政府應與職業訓練局等機構合作，推廣工業 4.0 新式智能生產現狀，鼓勵年輕人從事再工業化新時代的製造業；
3. 政府應支持自資院校開辦應用學位課程，研究針對特定行業技術設立專業資格，提高技工技術的專業地位；
4. 建議優化持續進修基金，與未來需求技能相關課程的資助應該「加碼」，同時各年輕人、年長人士或低技術人士提供額外補助金，甚至提供低息貸款；
5. 參考澳洲經驗推行「微證書」課程。「微證書」課程是由大學、技職培訓機構和私立教育機構提供的小型學習課程，可與短期課程互換，並視同完整學位課程中所提取的學習時數。本地勞工能一邊工作，一邊接受小型課程培訓及考核，累積學習時數來換成相應的學分，獲得正式資格及學位，並按照業界所需技能納入資歷架構，頒授相應級別。這種方式可解決成年人在時間和成本上的障礙，增加勞工向上流動的「升級」機會。

先聘請後培訓 持續補充本地新血

除了經濟轉型的挑戰，香港亦正面對「人手荒」，多個行業均出現勞工短缺情況，窒礙經濟復甦，政府因此推出行業輸入勞工計劃，又優化補充勞工計劃，並擴大計劃適用範圍，26 個以往不准輸入外勞的職位類別亦可申請輸入勞工。「補充勞工優化計劃」推出不足兩個月，政府已收到 1113 宗申請，涉及申請輸入勞工人數有 12745 人，當中 7255 名勞工屬於過往一般不得輸入勞工的 26 個職位類別。其中，侍應生的申請佔最多，有 3044 人；其次是廚師，有 2813 人；售貨員及保安員則分別有 1033 及 908 人。這無疑為本地勞工帶來一定程度的競爭壓力，許多人提出外勞「搶飯碗」，工會多次要求煞停輸入外勞。

過往社會提及市場欠缺人手，通常涉及厭惡性工作，今次申請數字反而見到餐飲業成為了重災區。政府應以數據為依歸，向社會證明行業缺人情況，再推出針對性措施協助業界走出困境。輸入外勞能短期為業界快速「止血」，但長久之策仍是要本地持續培訓新血。

寫到在這裏，筆者必須還政府一個公道。事實上香港政府為僱主和不同種類的求職者提供了大量培訓及就業支援服務，除了之前提及鼓勵 40 歲或以上中高齡人士重投職場的「再就業津貼試行計劃」，還包括了幫助求職困難者的「工作試驗計劃」、幫助 40 歲或以上失業求職人士的「中高齡就業計劃」、幫助殘疾求職人士的「就業展才能計劃」、幫助 15~29 歲學歷在副學位或以下青年的「展翅青年就業計劃」，並分為「工作實習訓練」與「在職培訓」支援。

其他支援勞工參與培訓的措施包括：在 2023 年《施政報告》宣佈將僱員再培訓津貼的每月限額由 5800 元調高近四成至 8000 元；ERB 讓僱主以「包班」形式提供職前培訓，集中於人力嚴重短缺行業，如健康護理、飲食、零售、酒店服務等，更提供僱員再培訓津貼、培訓後不少於一年的僱傭合約、高於市價水平的薪酬，以及為期六個月的就業跟進服務和進修培訓安排。政府更為了鼓勵 40 歲或以上中高齡人士重投職場推出「再就業津貼試行計劃」，有關人士重投職場一年可獲 2 萬元津貼。

在支援特定行業的人力短缺上，政府亦有推出不同培訓計劃，例如針對安老業人手荒，社署推出「青年護理服務啟航計劃」，為有志在社福界護理工作發展的青年人安排聘用和培訓，以「先聘用，後培訓」的方式安排學員到安老或復康護理服務單位工作，課程費用將以先墊支後發還的模式處理。建造業技術工人、專業人員亦是人手短缺的重災區，政府向建造業議會撥款支援行業培訓工作，議會除了同承建商合作辦「先聘請、後培訓」在職培訓課程吸引有志之士入行，亦針對現職工人與工會等培訓機構合作提供「技術提升課程」，協助工人成為中工或大工。這些合作培訓課程涵蓋超過 50 個工種，並均有向學員提供培訓津貼和畢業獎金。2024 年 1 月，發展局更聯同議會及工會推出「一專多能」課程，為每位學員提供七成學費津貼，讓本身有中工及大工資格的工友進修多一項技能，並考取新工種的中工資格，務求人盡其才，悉用其力，一方面增加業界調配人手靈活性，另外亦擴闊技工參與建造工程的程度、提升受僱機會。

我們可以見到，政府在協助培訓新血、幫助本地勞工提升技能上都是不遺餘力的，然而在本地勞動力持續萎縮及職位空缺增加的情況下，我們要增加本地培訓計劃的吸引力和針對性，並且要接受單靠本地培訓實在不能於現階段撐起香港需求的現實，儘量在輸入外勞和保障本地工人之間取得平衡。

筆者 2023 年 9 月發布本地勞工升級轉型政策倡議書，向政府多項建議提升本地勞工競爭力，應對科技和外勞帶來的影響。

這方面，筆者曾多次提出優化「先聘請、後培訓」模式，引入「新人入行」與「推薦入行」獎金等，並推出更多短期性的培訓課程，令更多本地失業或待業人士提升技能，又或投身人手不足的行業。此外，筆者亦曾建議政府在聘請外勞之前，按人力資源推算結果制訂「勞工短缺清單」，並以此作基礎，推出「短缺工種就業計劃」，向本地學員提供每月 3000 元在職培訓津貼，鼓勵市民投身短缺行業，藉以培育更多新血，解決勞動市場缺乏相關技能及特定工種長期人手短缺問題。筆者建議政府每月按計劃學員人頭額外輸入 400 元專款專項補貼「短缺工種就業計劃」開支，確保計劃平穩運作。若培訓後學員未有留任或僱主未能聘請本地員工，僱主可經簡單程序選擇輸入外勞。雖然這些建議最終沒有得到採納，不過政府在輸入外勞上有設立不少條件保障本地勞工。我們應如何再加強保障本地勞工，並推動他們隨經濟及社會變化升級轉型、提升競爭力？筆者認為社會可有更多討論。

citibank

第八章

促進大灣區人才流通

粵港澳大灣區建設是新時代國家改革開放下的重大發展戰略。「粵港澳大灣區」指的是「九市二區（9+2）」，即由深圳、東莞、惠州、廣州、肇慶、佛山、中山、珠海及江門 9 個位置相鄰的珠三角城市，以及香港和澳門兩個特別行政區組成的城市羣。整個區域的面積約有 5.6 萬平方公里，區內常住人口由 2016 年 6774 萬人增至 2023 年約 8700 萬人，至 2023 年底大灣區生產總值超過 14 萬億元人民幣。這意味大灣區會為香港經濟尋找新增長點，促進經濟產業多元發展，並能為香港居民提供更廣闊的生活和發展空間。

「粵港澳大灣區」在 2015 年首次寫入國家文件，2017 年國務院《政府工作報告》正式提出「研究制定大灣區城市羣發展規劃，發揮港澳獨特優勢，提升在國家經濟發展和對外開放中的地位與功能」，標誌着大灣區的建設正式成為國家戰略。至 2019 年，中央公布《粵港澳大灣區發展規劃綱要》，目標通過進一步深化粵港澳合作，推動粵港澳大灣區經濟協同發展，發揮三地互補的優勢，建設宜居、宜業、宜遊的國際一流灣區。當中，多次提出推動三地不同範疇人才交流合作、明確指出要打造教育和人才高地。另外，《規劃綱要》指明要提升市場一體化水平，有序推進制定與國際接軌的服務業標準化體系，促進粵港澳在與服務貿易相關的人才培養、資格互認、標準制定等方面加強合作；並指出要擴大內地與港澳專業資格互認範圍，拓展「一試三證」（一次考試可獲得國家職業資格認證、港澳認證及國際認證）範圍，推動內地與港澳人員跨境便利執業。

粵、港、澳本身是三個經濟體，有着不同的法規、制度、資歷架構，因此我們常聽到有香港青年，甚至專業人士到大灣區城市發展時，遇到不少困難和障礙。粵港澳大灣區提出後，社會便廣泛討論，如何令到三地互聯互通？城市間應如何協同發展？三地政府亦密鑼緊鼓，透過多方面的拆牆鬆綁措施及鼓勵政策，促進人流、物流、資金流、信息流互聯互通。「人」是經濟發展的關鍵，近年三地政府積極研究人才引進、留住和培養的「三位一體」機制，亦持續推出多項政策措施，深化三地人才合作、流動與共享。這一章，筆者將探討港人融入大灣區所遇到的挑戰，並講解政府其中一些重點工作，以及提出幾項促進大灣區人才流通的建議。如讀者希望了解更多，可參閱筆者撰寫的《粵港澳大灣區人才共同培訓機制建議書》。

為了解港人到大灣區九市發展的情況，筆者曾接觸內地九市工作的港人，許多人都會提及剛抵步時生活上的不便，包括不知道如何辦理所需文件和證件，甚至因為學歷及專業認證不銜接，在求職時遇困難。

筆者亦在 2024 年底連同青年民建聯與廣東高校香港學生聯合會（粵港聯）合作，對 120 名在內地高等院校就讀的香港學生進行調查，超過一半受訪者認為在大灣區九市發展事業的薪酬或福利理想，而且晉升或發展機會同樣理想，不過內地人脈資源不足、內地工作經驗不足、內地政策法規不熟悉等，都是他們覺得港青在當地發展事業「輸蝕」的因素。問及到大灣區九市發展需要的準備，最多人認為是獲取相關專業資格或互認（55.8%），其次是了解大灣區的市場趨勢（54.2%）和參與實習或工作體驗（50%）。

與青年民建聯和粵港聯合作，就「大灣區青年就業計劃」對在內地高等院校就讀的香港學生進行意見調查。

港青大灣區九市發展事業的劣勢（每人最多選三項）	
內地人脈不足	55%
內地工作經驗不足	49.2%
內地政策法規不熟悉	41.7%
較難適應內地工作文化	35%
內地商貿制度不熟悉	22.5%
專業技能不被認可	21.7%
較難適應內地生活文化	16.7%
普通話欠佳	7.5%
不知或難講	4.2%

大灣區青年就業計劃

上述調查亦問及受訪者對參與「大灣區青年就業計劃」的意願和意見。大灣區青年就業計劃是香港特區政府在 2021 年 1 月推出的試驗計劃，用作鼓勵合資格企業聘請香港的大學畢業生到大灣區內地城市工作，促進他們的事業發展及大灣區內的人才交流。這個計劃後來於 2023 年 3 月 1 日恆常化，並於 2025 年 1 月推出優化措施。

「大灣區青年就業計劃」起初只容許學士或以上學位、可合法在香港受僱工作的香港居民申請參與，而希望參與計劃的企業則要在香港及大灣區內地城市均有業務。參加企業須在香港按照香港法例聘請合資格畢業生，派駐他們在大灣區內地城市工作及接受在職培訓，並需以不低於 1.8 萬港元的月薪聘用他們，而特區政府會按企業聘用的青年人數，向企業發放每人每月 1 萬港元津貼，為期最長 18 個月。

在調查中，近九成受訪港青表示對「大灣區青年就業計劃」感到有興趣或非常有興趣，這可能是他們已在內地升學生活，比較願意踏出一步到內地工作。問及對參與計劃期望獲得的好處，最多人期望有更高的薪酬待遇（68.3%）、其次是探索長遠發展機會（50.8%）、第三是建立人際網絡（48.3%），亦有人希望透過計劃獲得實際工作經驗（40.8%）。

不過，「大灣區青年就業計劃」的實際申請數字未算踴躍，在試行階段已因疫情及出入境等問題，出現就業名額未能用盡的問題，2023 年恆常化後繼續受不同社會因素影響，參加人數偏少，間接導致資源浪費。筆者當時指出，政府有必要優化計劃，當中計劃只容許大學或以上學歷畢業生申請，門檻過高，不利青年累積就業資本，因此筆者多次提出，希望政府可放寬至容許副學士與高級文憑畢業生參加，令到更多港青受惠。若政府接納放寬學歷要求的意見，筆者認為當局應同時優化計劃的工資要求及資助安排。如果計劃要求企業向沒有大學學位的青年，同樣支付每月 1.8 萬港元的工資，在有比較之下，大學生當然成了搶手貨，沒有學位的參加者可能較難尋找僱主，筆者建議以「錢跟人走」的方式，讓合資格青年拿着資助，到內地大灣區合規企業工作，將政府每月 1 萬港元的津貼直接補貼予僱員，不需要以工資限制勞資雙方，勞動市場自然會調整好工資金額。

政府最終接納意見，在 2024 年《施政報告》宣佈優化「大灣區青年就業計劃」。勞工處 2025 年 1 月公布加強青年就業服務及支援，當中將計劃參加資格放寬至 29 歲或以下及持副學位或以上學歷，企業可按市場薪酬水平聘用持有副學位的青年。筆者相信放寬門檻可鼓勵更多港青到內地發展，提升他們的就業及持續發展的能力。此外，政府又增加津貼，企業可向政府申領的津貼為每名參與青年薪酬的 60%，上限增加至每月 1.2 萬港元，這項優化措施相信可鼓勵更多企業參與，亦有利企業向參加者提供更多元化的職位。

另一個重大調整，就是在計劃下新增內地青年來港就業安排。參與計劃並聘請香港青年到大灣區內地城市工作的企業，可按相關規定申請相同數目的內地青年來港工作，促進大灣區內人才交流。此安排下，有關機構或內地青年不會有政府資助或津貼。

高端人才共享機制

要促進大灣區不同領域的對接，讓人才資源在區內交流互用，同時協助港人克服「水土不服」的問題，筆者還提出推動大灣區資歷互通互認機制、建立大灣區共同培訓機制和基地，以及擴展「一試多證」。這幾年粵、港、澳三地政府都積極就上述工作協商合作，並簽署了多項備忘錄，筆者認為，我們可在此基礎上，從高端人才、專業人才、熟練技工及基層勞工幾個不同方面入手制定措施。以下筆者會就前三者講解政府工作及提出建議，基層勞工方面，讀者則可以在有關外勞的篇章了解更多。

目前全球「人才戰」激烈，除了香港推出高才通等「搶人才」措施，大灣區其他城市亦有不同優惠政策吸引人才到當地發展，當中住屋及生活都有補貼，筆者早前到南沙國際人才港參觀人才政策展廳及與相關部門座談交流，發現連面試者也有交通補貼及免費住宿，非常貼心。筆者認為，11 個城市雖各自出招，亦可拼船出海，香港特區政府應聯合其他大灣區城市共同出擊，到海外招攬國際人才，並建立人才共享機制。

事實上，粵港澳大灣區城市在 2024 年達成了多項體現人才一體化的重要里程碑，包括 2024 年 1 月廣東省政府與香港特區政府簽署《關於推進粵港人才合作的框架協議》，建立合作機制，促進兩地在人才培養、招攬、交流等多方面的合作；2024 年 5 月，大灣區「9+2」城市簽署《關於推進粵港澳大灣區人才服務合作備忘錄》，備忘錄旨在貫徹落實國家推進大灣區人才高地建設的決策部署，以加強人才交流和合作、共同宣傳推廣、聯合招攬人才、合作舉辦人才活動，並共同構建大灣區人才服務平台，營造良好人才發展環境，實現大灣區人才合作共贏。當中，香港人才服務辦公室與大灣區城市到東南亞舉行推廣及聯合招攬人才的活動，筆者亦有參與，未來大灣區「9+2」城市還會繼續到更多國家地區推廣，相信這些活動除了向世界宣傳大灣區機遇、吸引外來人才，亦有助「9+2」城市間互動交流，促成更多合作項目。

聯合招攬的人才可以如何共享？筆者建議可以結合「一國兩制」的特點實行「雙聘制」，讓高端人才和教授同時服務於多個城市。舉例指，我們可以鼓勵和支持香港的領軍人才和國際專家擔任灣區企業或研究機構的技術顧問，推動學術和技術成果快速轉化。這樣可以確保香港和國際高端人才的研究模式和成果，為大灣區的企業和產業發展提供更強的動力。

全面優化專業執業資格互認協調及認定機制

香港有世界一流的專業服務，作為多年來的國際金融中心，匯聚國際頂尖專業人才一直是我們引以為傲的優勢，例如建築師、工程師、醫生、會計師等。以香港為窗口，引進和便利國際高端人才在大灣區執業，一方面為專業人才拓展商脈，提供龐大市場和機遇，服務整個大灣區，吸引他們「落地生根」；另外亦促進兩地人才更緊密聯繫，提升整個區域的專業服務水平。

繼《粵港澳大灣區發展規劃綱要》在 2019 年初提出後，香港與內地政府於 2019 年 11 月 21 日簽署《關於修訂 CEPA〈服務貿易協議〉的協議》[1]，進一步開放服務業市場和更新關於便利服務貿易的承諾，並降低香港企業和專業人士進入內地市場的門檻。建築師、結構工程師、律師、醫生等專業人士，可以通過 CEPA 兩地資格互認或考試的安排獲取內地的專業資格。協議自 2020 年 6 月 1 日起實施，基於疫情肆虐，這項重要惠港措施當時並未得到市場很大的反應，不過國家在往後仍持續在 CEPA 下推出新修訂協議，進一步開放服務貿易，不但推動香港融入國家發展大局，更能吸引世界企業立足香港，開拓內地市場。

坦白說，推動各類國際高端人才在灣區便捷執業並不是一件容易的事，因為粵港澳的制度、資歷架構不同，例如法律體系不同，令法律專業未能實行「資格互認」；稅制及專業資格不同，窒礙了會計師北上發展等。這些都需要政府推出政策銜接，亦要行業的參與投入，包括探索大灣區互認標準。

以法律專業說明，由於內地與香港法律體系不一樣，法律專業未有實行「資格互認」。通過 CEPA 系列協議，

1 《內地與香港關於建立更緊密經貿關係的安排》(CEPA) 是內地與香港於 2003 年簽訂的自由貿易協議，多年來內地和香港採取循序漸進的方式，不斷擴闊 CEPA 的內容和範疇。

香港律師可以與內地律師事務所合作，如果有涉及香港的業務，便成為其律師事務所顧問，可以承接業務，但不能在法院任律師。香港律師團體便一直爭取互認香港律師的執業經驗，以便他們參加內地的法律專業資格考試（前稱國家司法考試）。後來，國務院辦公廳印發《香港法律執業者和澳門執業律師在粵港澳大灣區內地九市取得內地執業資質和從事律師職業試點辦法》，推出粵港澳大灣區律師執業考試，容許累計五年以上律師執業經歷的港澳律師通過特設執業試後，可在粵港澳大灣區九市辦理民商事法律事務。有律師接受媒體訪問時直言，香港律師過去要取得內地執業資格，需自行報考「國家統一法律職業資格考試」，但考試平均通過率不足一成，令很多人卻步，粵港澳大灣區律師執業考試則相對容易。記得 2021 年公布首屆考試成績時，不少人都通過考試，當中包括一些香港立法會議員同事。2023 年 9 月，國務院進一步降低報考門檻，將報考律師五年執業經歷要求放寬至三年，業界認為降低門檻能吸引更多年輕律師北上，並培養更多擁有兩地執業經驗的法律人才。

筆者與民建聯期望，特區政府繼續與大灣區積極探討，在深圳前海、河套，珠海、廣州南沙等現有基礎上，加快總結經驗，優化並擴大認可範圍，推動大灣區全域的專業人才資格認定，包括法律、醫療、會計等專業。按照「一地備案、灣區通行」和「能進盡進、能放盡放」的原則，讓香港人才和國際高端人才能夠在大灣區內自由就業和執業，打破流動和地域的限制，實現無障礙執業，推動制度規則的進一步融合。

共同培訓 一試多證推動灣區人才流動

除了青年、高端人才和專業人士，我們亦可加強大灣區技術人才的流動性。香港可擔當支持人才「引進來、走出去」的角色，助力技術專才來到香港發展、透過香港走出國際，同時讓香港技術人才，以至人才培訓標準走到內地。筆者提倡大灣區要建立一套共同培訓人才機制，不僅幫助正面對人力短缺的城市，亦能促進城市間的協同和發展。

有關熟練技術人員的政策，特區政府因香港欠缺「熟練技術人員」，在 2025 年 5 月擬備「技術專才清單」，提出引入指定技術工種專才來港，涵蓋範圍包括城市運作，如水電及電梯技工；以及與經濟發展相關工種，例如高端製造業中的高級技工。來自不同國家地區的人才都可透過此計劃申請來港，可帶同配偶及 18 歲以下未婚的受養子女，他們若居港連續滿 7 年可成為永久性居民。引入技術工種專才受社會關注，包括憂慮影響本地就業、資歷能否符合香港標準等等，筆者提倡基於行業人力短缺情況調整配額，政府應與業界持分者共同商討定立配額的標準，包括該行業失業率及就業不足率高於某一水平便需減少配額數量，甚至暫停引入技術專才。本書截稿時，引入技術專才措施仍未正式推出及落實，有關討論先暫告一段落。

為了解內地技工的培訓和就業情況，筆者到訪大灣區不同技工院校、職業技術學校，又與內地勞務公司及民營人力資源公司交流，問及當地勞工離開原居地工作的意願。雖然香港薪金對於內地居民普遍有吸引力，但這並不代表所有行業的熟練技工都願意撲到香港工作，除了香港生活成本高等因素，不同資歷架構亦令技工跨境工作的成本變高，另外內地一些行業同樣出現人手不足的情況。

以香港非常缺乏的升降機、自動梯技工為例子，內地電梯維修保養技工也面臨較大人力缺口，而且工作所需證書、培訓時間和資歷架構亦與香港不同。香港學徒培訓一般為四年制，課程基本上涵蓋安裝、校正、檢修、保養及修理各類升降機設備，之後晉升階段包括成為註冊工程人員、技術員、監督及工程師。至於內地電梯工作有分不同證書，包括可以維修及安裝電梯的電梯維修操作證（T證），以及只能負責日常檢查、確保電梯安全運行的電梯安全管理員（A證）。值得留意的是，由於內地近年對電梯安全愈來愈重視，當地對電梯技工需求漸增，但從事升降機、自動梯技工的待遇不高，加上新一代有一定程度的學歷，近年內地亦愈來愈少新人願意入行。另一方面，維修保養行業入職門檻很低，只需考獲上述作業證，沒有強制要求有一定的技能等級證明，因此電梯技工培訓時間與香港有較大差距，有技工受訓不足一年就考獲作業證，而市場技工素質相對較參差。

同一行業，但截然不同的資歷架構，加上內地經濟發展迅速，對技能人才的需求殷切，香港與內地同樣缺人，單靠輸入並不能解決問題，我們需要與大灣區城市一起「做大個餅」，建立大灣區技術人員共同培訓機制。將餅做大可以有很多方法，包括推進香港與內地相互承認副學位程度學歷、鼓勵香港與大灣區院校開辦聯合課程、建立粵港澳大灣區共同培訓基地，亦可在大灣區推行「一試多證」

除了香港，一些大灣區城市的
升降機維修保養技工亦有短缺情況。

制度。這一方面能共同培訓高素質人才，另一方面讓熟練技工有更大的發展空間。

筆者多次提出建議，期望加快推動個別專業的專業資格以及副學位的互認，並希望中央支持國家教育部加快與香港探索副學位資歷互認的可行性。此外，筆者又提出香港與內地應共同探討和深化技術工人培訓的體制，並建議加快推動更多內地職業訓練單位與職業訓練局 VTC 合作培訓技術工人，以及加快推動兩地資歷互通互認機制，並與內地共同探索跨境培訓的學習模式、職業教育貫通的培養模式，深化兩地在職業教育培訓項目的合作。當中，建議重點推動「持證上崗」行業的技能互認，例如工程技術、飛機和船舶技術、建築工程、工業生產等技能，以至駕駛船隻、重型車輛或器械等牌照都值得探討。

筆者提倡粵港澳大灣區城市建立共同培訓機制，訂立灣區標準和專業資格認可，將「一試多證」範圍擴至更多行業。

感謝行政長官在 2023 年《施政報告》公布擴大職業人才庫措施，提出加強跨境資歷互認，與內地當局合作推進香港與內地相互承認副學位程度學歷，包括高級文憑學歷，並以試點方式試行有關的資歷互認工作。

跨境合作培訓職專人才的工作早已開始。職業訓練局（VTC）2023 年 3 月於深圳成立內地首個運作中心—「職專教育服務（深圳）有限公司」，當中又與深圳職業技術大學（深職大）達成協議，讓 VTC 學生到深職大參與聯合培養課程，包括電機工程（電氣服務）、屋宇裝備工程學，以及遊戲及動畫高級文憑課程等。VTC 又積極以不同模式拓展與內地院校的網絡，包括與深職院、中山職業技術學院和廣州華商職業學院成立粵港澳大灣區學生交流聯盟，推動大灣區的職業技能發展。兩地通過職專教育合作辦學，共同制定課程標準、引進師資、聯合管理、頒發雙方文憑及開展培訓項目，為大灣區培養更多職專人才。香港學生可在職業教育園區獲得更多實習機會，有助了解大灣區最新發展，好好裝備自己。

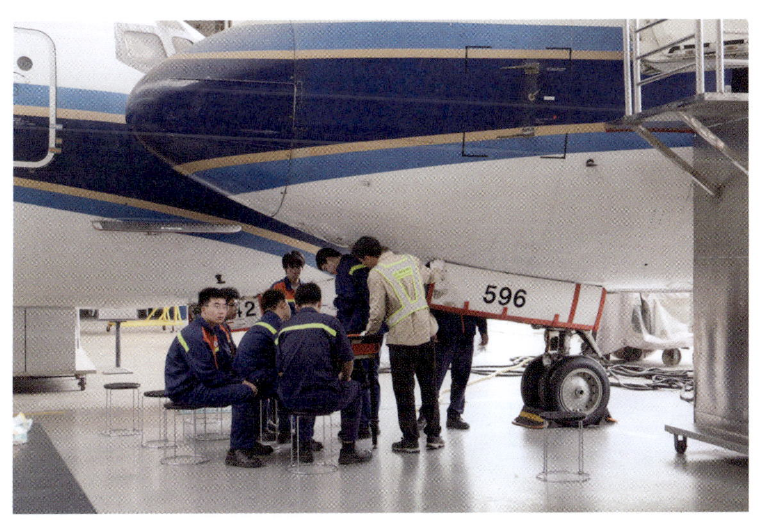

「民航人才培育聯盟」的成立能整合學界與業界資源，培育更多具備國際視野及專業技能的民航人才，應對行業持續增長的需求。

除了跨境院校合作，亦有行業推動跨境合作培訓人才，香港國際航空學院發起成立的「民航人才培育聯盟」便是一例。香港國際航空學院 2025 年 3 月與 15 間內地院校結盟，透過深化校企協同，整合學界與業界的資源，共同推動民航教育發展，以促進培育更多具備國際視野及專業技能的民航人才，應對行業持續增長的需求。這對資歷及職業技能互認起了很大作用，能加強航空業人才培訓，建立大灣區航空人才庫，並可對其他行業起示範作用。筆者曾到訪內地民航職業技術學院，了解到航空業涉獵多個範疇，專業知識和技能大多一樣，培訓時亦需以英文學習行業術語，但不同地區亦存在法規、標準、職場文化不同等情況，最簡單例子就是機場跑道不一樣、機場內作業車輛有左右軚分別等。隨着行業學院結盟，共同培訓人才，相信能讓粵港澳人才學習及適應各地習慣，從而促進大灣區人才流通。

共同培訓機制還有一個重點，就是訂立灣區標準和專業資格認可，這便是「一試多證」的工作。「一試多證」的概念早已在美容和美髮業實踐，在職業訓練局（VTC）的「一試多證」計劃下，考生通過一個統一考試，便可取得內地、香港及澳門頒發的相關證書。VTC 與廣東省人力資源和社會保障廳（人社廳）於 2023 年 10 月底簽訂《職業技能人才評價合作框架協議》，內容包括擴大「一試多證」項目範圍至更多行業。

「一試多證」制度不僅能簡化認證流程，降低成本，還能提升大灣區的人才競爭力，方便人才在大灣區流動及自由執業，實現產業協同發展，不過實際操作上需要三地政府牽頭訂立標準。這方面建造業已開始工作，發展局 2024 年首先透露將為業界推出「一試多證」制度，並與廣東省及澳門特區合作，就建造技術工人及技術人員的技術水平建立「灣區標準」。「灣區標準」以「就高不就低，就

參觀內地民航職業技術學院。

多不就少」的原則訂立，儘量跟從三地中較高的要求及涵蓋三地課程各自的要素，以提升整個大灣區建造業的培訓素質，當局在 2025 年 3 月公布率先在油漆工、砌磚工試行。筆者樂見有關安排，這不僅能大幅提升大灣區建造業的培訓素質，更能為三地人才的流動與合作開闢新路徑。政府和業界應鼓勵內地與香港的建築業培訓機構積極採用「灣區標準」標準，讓畢業生獲取粵港澳三地通行的資格證書。這樣便可提升大灣區建造業的整體培訓水平，培養出更多高素質人才，更可滿足本地市場需求，並為大灣區的長遠發展奠定堅實基礎。筆者期望「一試多證」計劃能加快推進，將更多建造業工種及職位納入其中，例如建築信息模擬（BIM）、測量及土木工程、行業管工職系（科文）等。若建造業「灣區標準」運作順暢，更可將成功經驗推廣至其他行業，逐步實現三地技能證書的對接與資格互認，從而全面提升大灣區的競爭力。

筆者與民建聯期望中央政府能繼續整合內地、香港和澳門的優質教育資源和職業培訓機構，開展跨區域、跨行業的職業技能培訓，建立大灣區共同培訓基地。這些機構可以根據大灣區重點產業和新興產業的需求，制定統一的培訓標準和課程，提供語言、技術和文化適應等多類型的培訓課程，幫助不同背景的人才提升專業技能和綜合素質，更好地滿足大灣區的發展需要，當中建議可由測量及土木工程學等行業優先試行。

要建立大灣區人才協同發展機制，我們亦提議在香港設立「大灣區人才港大廈」。這個樞紐可以作為前海、河套、南沙、橫琴四大合作平台的境外服務延伸基地及聯合香港人才辦，匯聚粵港澳三地的產業協會、獵頭機構和跨境政策諮詢中心，專為金融科技、生物醫藥、高端製造等領域的人才需求提供「註冊 - 對接 - 落地」的一站式服務。大廈內設有跨境社保銜接窗口、港澳職業資格認證中心和創投項目路演廳，還連接了前海深港人才特區的稅務優惠、河套科創園的研發資源、南沙青創基地的孵化支持以及橫琴澳企合作通道。通過定期舉辦政策沙龍、粵港企業聯合招聘會和專業社羣交流活動，這個樞紐實現了人才資訊共享、職業流動協作和創新項目融合，打造出一個「香港服務 + 灣區機遇」的生態圈。

前海國際人才港作為匯聚全球高端人才、推動創新與合作的國際化平台，不僅重視人才培養，還對人才就業、創業加以支持，便利人才到粵港澳大灣區乃至世界各地工作。

citibank 花旗銀行

第九章

零工經濟與平台工作者身份

長假期，學生除了遊玩放鬆，亦有不少人趁機賺外快。筆者在學生年代，曾經在百貨公司從事數據輸入員，同輩的暑期工多為侍應、售貨員等。大家求職方法通常透過勞工處、報刊，甚至直接到餐廳、公司尋找求職通告再面試。

時代變遷，科技日新月異，年輕人可以參與的兼職更多樣化。從前的求職方法在新一代學生眼中，可能如「石器時代」般古老，而他們對一份理想的兼職工有更多要求，希望享有更大的工作自主權與彈性。2010 年開始，可即時配對工作的智能裝置日益普及，愈來愈多人成為數碼平台工作者。新冠疫情爆發後，社會更需要靈活的工作安排，網上工作平台如雨後春筍般湧現，全球數量由 2010 年的 142 個躍升至 2020 年的 777 個。

由於數碼平台工作者欠缺普遍認同的定義以及可靠的官方調查，目前較難量化在平台工作的實際勞動人口。如果要了解香港情況，我們暫且根據送餐、送貨、網約車及的士五大較多人使用的數碼平台作估算，2023 年就有 6.4 萬名網上平台速遞員及 5 萬名透過應用程式提供服務的網約車及的士司機。以上 11.4 萬名數碼平台工作者，佔當時本地整體就業人數約 3%。實際上，近年本港平台工作種類非常多，包括一些服務配對平台：配對私人補習、興趣班，還有家務助理、裝修設計、美容按摩、司儀、婚禮及籌辦活動等數以百項計的服務。

然而，我們難以在政府統計處數字中「尋找」到、甚至「察覺」到這羣平台工作者的存在。按照他們與平台的協議，他們不被視作為「僱員」，而許多人亦不認為自己是「自僱人士」。按統計處數字，自僱人士數目在過去十年間下跌了 9%，至 2022 年的 21.8 萬人，與數碼平台經濟蓬勃發展及其相關工作人口迅速增長的現象截然不同。出現有關落差，可能與數碼平台工作者未能明確歸類並且欠缺清晰定義所致。

就業身份及與平台關係模糊不清，社會對平台工作者未有明確定義，本港勞工法例又未有跟隨新經濟模式轉變，便衍生平台工作者欠缺保障，甚至受到剝削、求助無門的問題。在《僱傭條例》下，根據連續性合約受僱的僱員，可進一步享有休息日、有薪年假、疾病津貼、遣散費和長期服務金等福利。然而，香港的零工工作者一般分類為自僱人士或獨立承辦人，因而無權享有《僱傭條例》所訂的僱員福利。此外，曾發生過的情況包括有外賣員受傷後，平台以「自僱」為由，不承認工傷責任而拒絕賠償；亦有平台工作者被拖欠工資，但未與平台簽訂合約，受影響人士要逐一上法庭釐清與平台關係，追討應有權益。

在這裏，筆者再列舉本地首宗確立平台工作者僱員身份的法院判決——「Zeek 斑馬到家」案。Zeek 斑馬到家是本地物流平台，業務主攻即時快至 30 分鐘配送服務，另有其他貨運配送服務及系統技術服務，負責配送的包括步兵、電單車、客貨車及大型貨車。

由 2022 年傳出財困，Zeek 在該年年底開始拖欠多名配送人員工資，數以百計平台工作者入稟追討。由於個案眾多，法庭先選定個別例子作測試個案（Test Case），入稟的六名配送員經歷半年以來多次上庭，最終勞資審裁處於2023年5月裁定平台與配送員屬僱傭關係，須繳付欠薪及訟費等。不過後來平台公司遭勒令清盤，配送員又要轉而向破產欠薪保障基金申請特惠款項，以討回應有工資。

Zeek案對於未來保障平台工作者權益有十分重要的參考作用，社會日後亦可藉案件了解到如何介定平台與工作者的關係。當中包括是否由平台嚴格控制工作、地點與時間；平台工作者有否受到平台監管，如表現不達標會否受罰等。事實上，在涉及就業身份的裁決中，法院會考慮的關鍵因素包括：對工作程序、時間及方法的控制程度；工作者僱用助手的自主程度；負責工作設備、保險及稅項的一方；及雙方承擔的財務風險程度。

西班牙《騎士法》賦予平台速遞員「僱員」身份

香港需盡快完善法例，一來將平台工作者納入保障，二來要監管漸趨普及的平台經濟。因此，筆者早前委托立法會資料研究組選定外國例子，檢視當地保障平台工作者的措施，資料研究組最終選定西班牙及新加坡兩地作個案研究。

西班牙2021年5月頒布《騎士法》（The Riders' Law），成為歐盟最早賦予平台工作者僱員身份及全面保障的國家。當時《騎士法》賦予1.7萬名網上平台速遞員「僱員」身份及相關福利，可以享有全面僱員保障，包括最低工資、有薪假期、超時工作薪酬、休息日等，平台亦須承擔工傷賠償的責任，並有社會保障計劃供款責任。另外，根據《騎士法》，所有行業的數碼平台必須披露其所運用的演算法及人工智能相關的資料，包括其對工作條件、招聘決定及薪酬的影響。

《騎士法》頒布後，比利時及葡萄牙 2023 年亦仿效相關做法，不過《騎士法》在西班牙就出現兩面不討好的情況。

西班牙平台企業猛烈抨擊新法例，《騎士法》實施短短兩年，當地數碼平台因被判違反勞工法例而需繳付的罰款高達 1.36 億歐羅（約 12 億港元）。有大型送餐平台在法例生效前宣佈退出西班牙市場，一些企業為規避法律責任改行外判臨時工。由此可見，法例對西班牙平台企業產生重大影響，據報道致四分之三平台速遞員被裁，以及一家平台企業結業。

另一方面，當地勞工團體則批評《騎士法》過於軟弱，又呼籲當局將法例涵蓋範圍擴大至其他類型的平台工作，例如網約車服務及家居護理。

新加坡設立新的「平台工作者」就業身份

新加坡則在 2024 年下半年就保障平台工作者逐步實施新法例，國會於 2024 年 9 月 10 日通過《平台工人法案》（Platform Workers Bill），並於 2025 年 1 月 1 日生效。考慮到平台經濟的獨特業務模式，新加坡並無將的士、私人網約車、送餐、送貨服務等人士介定為僱員，反而為他們設立新的「平台工作者」就業身份，以讓他們受法律保障。「平台工作者」有別於僱員，在法例上不會享有有薪年假、有薪病假、休息日、超時工作薪酬等權益保障。不過，平台需為「平台工作者」提供基本福利，例如與僱員看齊的工傷賠償、強制平台工作者和企業作退休金共同供款，另外新法例亦賦予平台工作者集體談判權及專門的爭議解決機制。

對於有聲音擔心新措施會令企業成本增加，進而轉嫁工人或消費者，當地政府則解釋，新法規還包含了防止運營商將成本轉嫁給工人的措施，市場競爭也會制衡運營商的成本策略，以確保消費者和工人可以更換平台。不過，《平台工人法案》通過後，當地多間網約車平台宣佈，將從法例生效當日起調高平台費用，以應對法案所帶來的額外成本，以及提升平台工人的福利。

港府承諾研究海外做法 目標任內完成政策檢討

香港平台企業大多視平台工作者為自僱人士，因此不會向他們提供《僱傭條例》下的僱員法定福利，而且他們不受《最低工資條例》保障，亦不會有因工傷亡法定賠償保障。雖然部分平台企業有為速遞員投保個人人身意外保險，但最高保額 50 萬元，僅為《僱員補償條例》下 350 萬港元保額的七分之一。隨着「平台經濟」不斷成熟，平台工作者將愈來愈多，筆者認為，政府應配合市場最新發展作規管，同時檢視如何處理灰色地帶、填補法律漏洞。

立法會人力事務委員會在 2021 年 6 月通過一項議案，促請政府盡早為平台工作者展開檢討並制訂政策。委員會上提出過的立法倡議包括：

1. 要求當局就平台公司與工作者的僱傭關係提供更清晰的法律定義；

2. 平台工人應獲《僱員補償條例》保障；

3. 平台工作者即使不能享有《僱傭條例》下的所有勞工福利，亦應可獲得部分相關福利；

4. 建議加強監管平台企業，例如設立發牌制度及要求平台企業訂定透明的薪酬結構。

最終，政府在 2023 年 1 月承諾成立專責小組研究海外做法，目標是在現屆政府任期於 2027 年年中屆滿前完成政策檢討。

爭取為平台工作者設法定身份

要制定與平台經濟工作者相關的法例，筆者認為政府應先蒐集數碼平台工作者與自由工作者相關數據，再研究推出合適措施，加強對平台工作者與自由工作者的保障，減少法例的灰色地帶，杜絕「假自僱」等行為。

統計處就本地平台工作者進行統計調查，指本港約 12900 人在統計前一年內有從事食物及貨物送遞數碼平台的工作。

勞工處 2023 年委託政府統計處就本地平台工作者進行統計調查，統計處於 2025 年 3 月發布調查結果，列出食物及貨物送遞數碼平台工作者的工作情況與數據。調查在 2023 年 12 月至 2024 年 3 月抽選全港住戶訪問，成功訪問約 1 萬個住戶，涉及逾 2.3 萬名 15 歲及以上香港居民，回應率 76%。報告書列出食物及貨物送遞數碼平台工作者的年齡、月入、每周工時等數據。結果發現，約 12900 人在統計前 12 個月內有從事食物及貨物送遞數碼平台的工作，當中超過八成為男士、超過八成為中學或以下教育程度。年齡分布方面，約半數外送平台工作者（52.5%）屬較年輕組別（15~39 歲），50 歲或以上人士則佔 24.2%。在這些平台工作中，提供食物送遞及貨物送遞服務的平台工作分別佔 72.6% 及 21.6%。訪問當中，98.2% 受訪者表示可自行安排工作時間、近一半受訪者沒有固定工時（21.2%）或每周工作少於 25 小時（28.3%）。至於從事平台工作所賺取的平均每月收入，37.1% 受訪者指月入有 1.5 萬元或以上、34.9% 月入少於 5000 元、26.1% 是 5000~14999 元。

此外，勞工處又在 2024 年 7 月委託承辦商為外送平台工作者進行問卷調查，共收回 1984 份有效問卷，承辦商再約部分人士進行焦點小組會面。問及外送平台工作者認為首三項最急需處理的事宜，大部分（62.7%）外送員認為，應優先處理防止非法勞工參與平台工作，有 51.8% 認為應優先增加收入穩定性，亦有 37.9% 認為要提升工作意外補償。有 36.6% 受訪者支持以非立法方式加強平台工作者的保障，以保持工作彈性，有 34.2% 支持立法強制平台提供僱員福利和保障。假如立法強制外送平台向平台工作者提供一項現行勞工法例給予僱員的福利及保障，在所有受訪者中，最多人希望立法增加的保障為僱員工傷補償（39%）。

不過這些數據似乎未能協助社會全面地了解平台工作者的工作情況及目前享有的保障。當中調查沒有觸碰一些關鍵的問題，包括：這些平台工作者有無簽訂書面僱傭合約？平台工作者與平台企業有沒有僱傭關係？平台企業有無向工作者實施規範與管理制度？平台工作者有無需要「報更」？如沒有按時上線工作或按時完成工作會否受懲罰？平台工作者在工作時受傷會否獲補償？企業有無為工作者購買保險？平台工作者與平台企業遇糾紛會如何處理？食物及貨物送遞數碼平台以外的平台工作者情況和數據又是如何？甚或他們有沒有交稅？

上述一連串的問題並不只有筆者提及，立法會人力事務委員會在 2025 年 3 月討論「數碼平台工作者的保障」時，多位議員同事都認為數據未夠全面。筆者期望統計處未來持續公布更全面的平台工作者數據，以助政府和立法會研究如何完善法例，將平台工作者納入保障，並監管漸趨普及的平台經濟。在蒐集平台工作者數據後，筆者期望政府全面檢視《僱傭條例》及相關法例，因應就業市場內僱傭關係的轉變作適當的調整，並釐清本港自由工作者及平台工作者的法定身份、責任與權益，盡快制訂一套適合自己的標準。

政府在人力事務委員會會議上明確表示，2025 年內會擬定保障平台外賣員的未來路向。筆者曾接觸一些平台企業，了解他們對香港保障平台工作者的立場和看法。有企業回覆，指留意到不同地方都正逐步發展相關政策，當中並非只針對平台工作者是否僱員，因為以是否僱員身份作介定，對平台工作者來說亦未必最好，政策通常會針對福利或平台工作權利等方面設立標準。平台企業認為，只要不會對平台造成經營困難，而且對不同經營模式採取較平等的做法，則沒有太大異議。

在外國例子中，新加坡的方案中間落墨，較為可取。筆者建議參照新加坡，為平台工作者設立僱員以外的法定身份，並可考慮建立發牌制，讓平台工作者作簡單登記，以確立法律地位，從而享有工傷保障、可供強積金，以及購買更高保障的保險等。

社會亦應設立機制協助解決平台與零工經濟工作者相關的困難，包括購買保險、強積金、開設銀行戶口或借貸、薪酬權益、平台破產「欠薪」、工傷意外、第三者的意外以至涉及顧客糾紛等問題。

筆者還建議研究引入平台工人發牌制度，主動就涉及公共安全、職業安全與公眾利益等事項進行規管，例如要求平台制訂車手駕駛安全守則、惡劣天氣工作守則、為從業員購買個人意外及第三者保險、制訂合理的薪酬發放機制等等，涉及安全管理與從業人員權益保障的規範。有關機制的設立旨在協助業界形成行業規則，完善勞工保障，令平台企業更健康地發展。

有聲音認為規管平台經濟會窒礙行業發展，亦限制甚至扼殺了平台工作者原有的自主彈性，更有機會影響其收入，推出規管措施，業界必有反對聲音。平台經濟的確需要空間發展、探索不同可能性，然而，當平台經濟愈來愈普及，社會應否任由平台與派送員自行釐定兩者之間的關係？政府若繼續「無為而治」是否好事？所引伸的社會問題會否逐漸成為深層矛盾？平台工作者得以保障，可令更多人願意入行，變相鼓勵就業，進一步釋放本地勞動力。就規管平台工作者，政府曾指出「廣泛共識」是任何政策改動的先決條件。如何做到既保障平台工作者基本權益，又不會令平台企業「吃不消」？社會應展開討論，探討一套最適合香港情況的制度。

筆者提倡為平台工作者設立僱員以外的法定身份，並可考慮建立發牌制，讓平台工作者作簡單登記，以確立法律地位並享有相關保障。

連續性合約「418」變「468」

筆者在上文提及「連續性合約」，基於政府 2025 年 4 月提交《僱傭條例》修訂草案，內容包括修訂《僱傭條例》中連續性合約的規定，由「418」改為「468」，筆者亦希望趁機講解。

俗稱「418」的連續性合約制度沿用多年，在這制度下，僱員如非受僱於同一僱主四星期或以上，而每週工作 18 小時或以上，便不能享有休息日、有薪法定假日、年假、疾病津貼、遣散費及長期服務金等福利。過往有無良僱主利用制度「漏洞」剝削員工，例如故意讓工友每星期只工作 17.5 小時，甚至每隔三個星期便強迫工友放一個星期的無薪假，因此社會、特別基層行業對改革連續性合約「418」安排的呼聲高漲。2022 年 10 月，行政長官李家超在上任首份《施政報告》便提出要檢討此安排，至 2024 年勞顧會達成共識，同意放寬規定至「468」安排，即僱員四星期內為同一僱主工作滿 68 小時，便可享法定僱傭福利。政府相信放寬規定後後，受惠僱員人數約為 11400 人，企業每年的潛在額外開支約為 1.5 億元。

勞工界相信新安排減少壓榨情況，並可加強對兼職工、短期或短工時僱員的保障，包括替假保安、酒樓「師奶更」散工等，有助吸引更多人投入勞動市場。不過商界、尤其飲食界就憂慮市道不景下推出新措施，會令勞工成本上漲。政府則認為「418」變成「468」的改動，只是將四星期工時合併計算，總和達 68 小時或以上便屬「連續性合約」，換算為每星期計算即平均工作 17 小時，與原安排的差距只是 1 小時，對老闆而言變化不大。修訂《僱傭條例》下連續性合約規定後，究竟僱主會否公平執行「468」安排、有無新的漏洞出現，則需時審視。為避免漏洞，筆者曾提議，不符合特定總工時的兼職員工，亦應就其工作時數，按比例獲得《僱傭條例》保障，不過政府擔心按比例計算會有「意想不到」的現象，例如有員工每星期上班 1 天、工作 8.5 小時，一年可享有 10.5 日有薪假期，相當於 2 個月的工資，可能會改變僱員工作態度。政府又提出，新加坡有相似僱傭規定，但要求僱員一星期工作最少 35 小時。

社會對平台工作者未有明確定義，本港勞工法例又未有跟隨新經濟模式轉變，便衍生平台工作者欠缺保障，甚至受到剝削、求助無門的問題。

citibank

第十章

完善外傭規管政策
好姐姐不要靠彩數

香港約有 34 萬名外傭，在不少家庭擔當重要支援角色，除了打理家頭細務，亦會照顧家中長幼，這便釋放社會勞動力，對香港繁榮經濟有着重要貢獻。遇到外傭放假回鄉，很多家長都會大叫救命，可想而知外傭的重要性。

港人對外傭需求殷切，但亦不時有解僱及更換外傭的情況。社會常說「好姐姐難求」，有人更形容聘請外傭似盲婚啞嫁，經中介公司介紹下，短時間了解外傭，聘用前聲稱樣樣全能，豈料入職後又不會煮飯、又不會使用電器。有外傭的原居地驗身報告與抵港後的健康情況有明顯差異，明明報告列明一切健康、適合擔任家庭傭工，入屋後即發現患有隱疾甚至懷孕在身而不能工作。更甚者是借高利貸後失蹤，僱主慘遭財務公司追債滋擾。

香港約有 34 萬名外傭，在不少家庭擔當重要支援角色。

外傭規管政出多門

筆者收到不少求助個案，其中有僱主表示報稱身體健康的外傭，「入屋」工作首星期已有皮膚問題，一個月後被診斷患上痳風病。涉事外傭原本負責照顧僱主一家三口起居飲食，包括一名五歲小孩，醫生及後證明外傭因患傳染病，不適合照顧兒童工作。事主指出，醫生診斷外傭早於原居地受感染，質疑中介疏忽或外傭刻意隱瞞，外傭堅稱不知自己身體有任何症狀，中介公司表示同情，但痳風不屬於驗身範圍，因此不承認責任。事件經由傳媒報道後，外傭突然失蹤，僱主獲告知被中介公司送回原居地，經過一輪交涉，事主與中介公司終達成和解。

筆者希望藉這宗事例，帶出現行政策未對外傭職前體檢作出規範。市面上的驗身套餐各有不同檢查項目，但按照業界慣常做法，痳風等許多不同疾病都不屬驗身報告檢測範圍。政府有必要完善外傭驗身機制，檢討《標準僱傭合約》，明確定義「適合擔任家庭傭工一職的體格檢驗」，透過設立外傭體檢項目及體格標準，去釐定外傭合適身體的準則。

此外，當外傭抵港後的身體情況與體檢報告出現明顯的不一致，能否成為僱傭合約無效的理據？僱主可以如何保障自己？政府其實應容許僱主提出無條件解約。筆者再舉一個案例，有僱主求助，指外傭抵港整個星期雙方仍未見面，亦未有入住其家中，而是先被中介公司安排辦理入境處手續。未幾，僱主便接獲中介公司通知，指外傭因呼吸系統不適，要做緊急手術，並要求僱主支付外傭醫療費用、外傭家人來港機票費用、家人照顧外傭的開支等等。僱主感到愕然，因為他早根據「標準僱傭合約」第 17 條款，要求外傭來港前接受體格檢驗，證明外傭健康狀況良好、有能力履行家庭傭工工作，豈料外僱抵港後即病發。醫院更曾向僱主表示，外傭病情非常嚴重，推斷來港前已經開始患病。經筆者及勞工處介入，最終僱主與外傭達成和解。

值得一提，僱主遇上各種與外傭相關的奇難雜症時，通常不知道應該向甚麼政府部門或法定機構求助，有時更是投訴無門。上述個案的僱主曾獨自向勞工處、海關等部門查詢不果，最後經筆者協助，與部門一起梳理事件才得到和解，僱主坦言事件為自己和家人帶來很大的困擾。外傭及中介服務事宜可牽涉到入境處、勞工處、海關、消委會、平機會，一旦出現問題，難分權責，因此筆者一直建議政府設立「外籍家庭傭工事宜監管局」，一條龍專責處理所有外傭事宜，包括中介發牌、外傭簽證審批、外傭培訓、巡查，以及僱主查詢與求助等。

僱主慘遭滋擾 正視外傭過度借貸問題

另一種不時收到的求助個案就是外傭借貸後失蹤，連累僱主一家被追數滋擾。筆者曾向外傭僱主團體了解情況，發現外傭向財務公司借貸情況嚴重，有團體每個月平均收到 20 名僱主求助。不少個案指出，追數信寄到外傭工作地點後，僱主始發現外傭欠下龐大債務，牽涉金額由 6~10 萬元不等，當中有僱主因外傭借貸而遭 15 間財務公司追債，涉款逾 10 萬元。為深入了解現況，民建聯於 2025 年 2 月以問卷形式訪問了 242 名 18 歲或以上的香港市民。結果顯示，超過半數（53.3%）僱主曾向外傭提供直接借款，顯示雙方的借貸行為已屬常態化；同時，近四成（35.1%）僱主確認外傭曾向財務機構借貸，進一步反映外傭羣體存在多管道融資借貸現象。38% 僱主坦言因外傭借貸遭受追債滋擾，凸顯債務問題可能轉嫁為僱主的潛在困擾。

民建聯就外傭借貸情況展開調查，過半數僱主曾向外傭提供直接借款，近四成僱主確認外傭曾向財務機構借貸。

外傭在港工作期間向持牌財務公司借貸，其實並沒有構成任何非法行為，僱主也不能為了避免外傭借貸而「擅自保管」其個人身份證明文件。不過社會仍需要正視外傭借貸問題，規管外傭無抵押借貸，避免外傭借貸離職後影響僱主生活。

就此，筆者與多名民建聯立法會議員曾約見財經事務及庫務局局長許正宇，要求研究從《放債人條例》入手規管。局長及後發表網誌，表明「您有所呼，我有所應」，指高度重視外傭借貸問題，會加強對外傭宣傳教育，軟硬兼施；放債人註冊處處長亦致函所有持牌放債人，嚴正呼籲放債人遵照牌照條件經營業務。另一方面，勞工處亦在修訂的《職業介紹所實務守則》中列明，禁止職業介紹所安排外傭借貸，介紹所申請牌照或續牌時亦須填報是否與財務機構有關聯，不可向求職外傭提供貸款資料或扣押僱傭合約，以及不可迫使外傭支付或償還任何款項。

規管外傭借貸可涉及修改法例，過程不簡單，筆者相信政府的回應是處理外傭借貸問題的第一步。筆者與民建聯期望，政府盡快開展有關評估及研究，加強力度規管，包括參考新加坡做法，引入外籍家庭傭工借貸限額，建議以外傭兩個月月薪為上限，亦要訂立每年可借貸上限，避免過度借貸，並且要加強外傭借貸的審查條件。筆者亦提出強化借貸流程的規範性，例如要求財務機構確認僱主書面同意的真偽，並明確諮詢人免責條款，避免僱主無辜承擔連帶責任。此外，可設立「外傭中央借貸資料庫」記錄借貸紀錄，供財務機構批核貸款前查閱，有助防止過度負債。同時，應規管財務公司的宣傳手法，禁止以贈品誘導借貸，並強制列明貸款利率與風險資訊，減少外傭因誤解條款而陷入債務危機。加強外傭財務教育亦不可或缺，透過多語言課程與宣傳，協助外傭辨識合法借貸渠道與規劃還款，從源頭降低風險。

長遠而言，外傭借貸問題需跨領域協作解決。政府應與菲律賓、印尼等外傭來源國合作，在培訓階段，提供借貸風險教育，並建立數據共享機制，以簡化跨境債務問題。同時，優化本地投訴處理流程，加強警方與相關部門合作，確保追債合法合規。而政策制定需靈活，如設定貸款上限，但允許特殊情況例外申請。並配套還款援助計劃，避免「一刀切」限制影響外傭合理需求。

筆者與多名民建聯立法會議員曾約見財經事務及庫務局局長許正宇，要求加強規管外傭過度借貸。

打擊外傭跳工與爭議

外傭輕易斷約跳工（即外傭濫用提早終止僱傭合約轉換僱主）的情況不時發生，這除了牽涉不道德職業介紹所，亦包括高薪利誘外傭轉當「黑工」的不法集團。民建聯曾就此展開調查，發現受訪 503 名外傭僱主中，高達四成人遭遇過中介公司不良營商手法，當中以教唆外傭跳工最為普遍。民建聯又曾與多個僱主組織召開「過萬月薪利誘外傭 來港後即玩失蹤做黑工」記者會，以跳工真實個案反映僱主苦況，並提出具體建議。

僱主組織因應多宗外傭失蹤、跳工、做「黑工」等求助個案追查，發現懷疑有外籍不法集團以約 1.8 萬港元高額報酬，慫恿外傭斷約跳工並轉當「黑工」。有外傭在跳工及獲取僱主提供購買機票的金額後，未返回原居地，反而入住集團安排的「黑工宿舍」在港逾期居留，隨後轉到澳門、深圳等鄰近地區從事「黑工」；亦有外傭變成「十五日仙」，即工作 15 天後失蹤，「蛇頭」會利用現時離職後不需提供返回原居地證明的政策漏洞，安排外傭在留港期間非法工作。僱主因此蒙受中介費用及機票等金錢損失，亦白白浪費申請外傭來港的時間。

基於上述情況，筆者提出要多管齊下打擊跳工，包括設立外傭中介公司評分制度，按照外傭的留置率、轉換率、聘請外傭的數目，以及中介公司開業年資等準則評分；於《僱傭合約》7.(a) 條款內加入解釋說明，例如外傭必須出示有效可證明屬於本人持有的機票，以及確認外傭

民建聯曾與多個僱主組織召開「過萬月薪利誘外傭來港後即玩失蹤做黑工」記者會，以跳工真實個案反映僱主苦況，並提出具體建議。

本人已返回原居地等附加條件，確保外傭在合約完成或斷約後返回原居地。政府亦可考慮增加外傭跳工的成本，例如增設由僱主及外傭共同攤分的「提早完約賠償費用」。

除了在立法會上提出建議，筆者亦聯同黨友約見入境處，促請處方以「放蛇」及加強巡查，從嚴打擊外傭做「黑工」。我們亦期望處方強化針對「斷約」外傭的審查機制，包括積極了解外傭提前解約次數及原因，並要求外傭再次申請工作簽證時，提交離職後返回原居地的證明。入境處處長當時表明，會從特別職務隊工作策略着手研究如何加強打擊跳工，包括於再次發出簽證時，檢查外傭有無返回原居地。

另一方面，勞工處亦於 2024 年 5 月頒布修訂的《職業介紹所實務守則》，規定職業介紹所不得以提供金錢誘因等營商手法誘使外傭提早終止合約；簽約時亦要向僱主說明，若外傭於兩年合約期內提早終止合約，會否退款或另選外傭；又要求職業介紹所要向外籍家庭傭工求職者清楚解釋在現行政策下，除因特殊原因，在兩年合約期內提出在港轉換僱主的申請通常都不會獲得批准，使外傭明白跳工的後果。雖然這些規定在減少跳工的力度上，未必如攤分「提早完約賠償費用」有效，但根據《僱傭條例》，職業介紹所如沒有遵從《實務守則》，勞工處處長可拒絕發出、甚至撤銷其牌照，因此亦具有一定阻嚇力。

外傭組織對限制跳工非常反感，直斥措施會侵犯人權自由。外傭身為勞工，理應享有轉換工作的權利，因此根據《標準僱傭合約》，勞資任何一方若不滿對方，只要提出一方給予對方一個月通知或一個月代通知金，即可提前終止合約，而外傭只獲准在香港逗留至合約終止後的兩個星期。筆者希望澄清，打擊跳工並非要禁止外傭轉工，而是針對沒有合理原因中途毀約而且不返回原居地轉換僱主、無良中介公司為賺取更多利潤故意教唆外傭轉工，以及不法集團利用跳工安排外傭做黑工等情況。筆者必須強調，僱主根據現行聘請外傭機制「過五關斬六將」才可成功覓得心儀外傭，除了支付工資，還要負責往返原居地的費用、提供免費住宿和膳食、承擔外傭在受僱期間的醫療費用等，而且還付出時間和心機甚至金錢去訓練外傭，因此僱主與外傭雙方權益應同樣得到保障。

勞工處修訂《職業介紹所實務守則》，規定職業介紹所不得以提供金錢誘因等營商手法誘使外傭提早終止合約，打擊教唆「跳工」問題。

外傭在港權益

雖然上文列出不少聘請外傭所衍生的問題，但筆者深信大部分外傭都盡心盡力、刻苦耐勞工作，不少人服務同一僱主多年，最終「衣錦還鄉」，建屋買田改善生活。不過外傭數目龐大，出現良莠不齊現象實不足為奇。筆者要再次強調，提出完善外籍家庭傭工政策倡議是想藉着完善制度去避免勞資糾紛，減少問題發生，並非針對外傭。

筆者與民建聯曾到訪印尼，到當地一所印傭培訓中心考察，並與受訓學員交流，了解他們對香港外傭政策的疑問。

外僱在港權益同樣值得關注，特別是從海外來港後，人生路不熟，對「標準僱傭合約」缺乏認識，不甚了解在港工作的個人權益及政府部門運作，若遇到僱主無理要求、甚至虐待，都未必知道如何求助。勞工處有設立由「1823」24 小時接聽的外傭專線（2157 9537）及網上表格，協助外傭處理勞工權益相關的查詢或投訴，但筆者認為最直接的支援，就是成立「外傭事宜監管局」，再於監管局轄下為外傭獨立設置支援部門，以多種語言回應外傭在港工作和生活的查詢，支援服務可包括解釋外傭在「標準僱傭合約」和相關勞工法例下的僱傭權益與責任；僱傭申索或對有關外傭中介公司投訴；如遇到虐待情況，監管局有關部門應協助轉介至執法部門跟進。此外，大部分外傭在休息日只能在公園、天橋等公眾地方席地而坐，與同鄉聚會。有市民會因為外傭霸佔公共空間感到不滿，事實上，香港生活成本高，簡單在餐廳及商場消費、租用康文設施等，對外傭都會構成沉重經濟負擔。

不少外傭在休息日只能在公園、天橋等公眾地方席地而坐。

政府曾於 1994 年開始推行海外家庭傭工中心計劃，設立海外家庭傭工中心，供外傭在休假時聚集及舉行活動。不過時至今日，全港只剩下拜仁里恆信託協會一間中心仍在運作。筆者建議，政府可鼓勵外傭培訓機構開設培訓中心，幫助外傭了解香港法規、學習廣東話及香港生活文化等，並預留一定地方讓外傭假日聚集消遣。這些海外家庭傭工中心要以租借校園或社區中心等方式於各區設置，政府可同時透過中心向外傭宣傳政府資訊，加強溝通，並為有需要外傭提供更多支援。

規管外傭宿舍亦是必要的措施，以保障外傭有一個合理的居住環境。政府多年來未掌握外傭宿舍的數量、所在位置、設置等資料，亦無專屬法例作統一規管，而宿舍環境問題終在新冠疫情爆發得到社會廣泛關注。就規管外傭宿舍，筆者除了建議引入規管制度，設立基本住宿設施要求供業界統一參考，亦要求政府建立外傭宿舍的資料庫。及後，政府於 2024 年 5 月頒布的《職業介紹所實務守則》修訂本，列出與經營住宿設施或床位相關的常見規定及指引，又要求中介公司提供與外傭求職者臨時居所有關的資料，確保遵行相關規定，有關臨時居所資料亦會在網上公開，以便公眾查核。

筆者建議政府鼓勵外傭培訓機構開設培訓中心，
幫助外傭了解香港法規、學習廣東話及香港生活文化等，
並預留一定地方讓外傭假日聚集消遣。

香港推行輸入外傭政策已有 50 年，許多措施由 1973 年開始沿用，筆者希望繼續推動相關政策與時並進，完善不足之處。另一方面，筆者持續要求港府積極開拓更多外傭來源地，以確保市場有足夠的外傭供應，透過增加外傭間的競爭避免外傭工資大幅上升，亦避免香港對單一國家外傭來源的過度依賴。